反日石碑テロとの闘い

「中国人・朝鮮人強制連行」のウソを暴く

的場光昭

展転社

はじめに

旭川市から大雪山国立公園旭岳へ向かう幹線道路の雄大な景観も、上川郡東川町《ひがしかわちょう》に入ると冷や水を浴びせられたような気分になります。沿道には「中国人強制連行跡地」「中国人殉難烈士」などと書かれた木柱や「中国人殉難烈士慰霊碑」の案内板が堂々と立ち、見る者の心を萎《な》えさせます。

詳しくは後述しますが、これらは旧社会党系歴代町長の負の遺産と私は半ば諦めていました。

ところが平成二十四年十一月十四日の北海道新聞朝刊記事をみて愕然《がくぜん》としました。松岡市郎東川町長が中心となって、あろうことか〝朝鮮人強制動員感謝の碑〟の建立がいよいよ具体化されたことを知ったのです。しかも隣接する旭川市・東神楽町や農協・商工会が賛同し協力するというのです。

これより先、北海道新聞同年六月二十一日の記事〝朝鮮人強制動員感謝の碑建立へ〟をみて複数の町民の情報をもとに協力してもらえそうな町議会議員数名に手紙を書き、さらに直接電話もして調査協力を要請しましたが回答は得られないままになっていました。

それが五ヵ月の沈黙を破って突然の建立です。直ちに私は情報収集を開始し東川町長をはじめこれに協力するという旭川市長・東神楽町長に、道内の朝鮮人労働者に関する歴史的経緯の説明を付けた質問状を送り付け、時間を稼ぐ作戦に出ました。

さらに月刊誌『正論』（平成二十五年四月号）に『奇々怪々…北の大地に建つ〝売国の碑〟』を発表し、地元誌『北海道経済』（同年五月号）に取材記事として『的場光昭氏（旭川ペインクリニック病院理事長）が東川町長に噛みついた！　朝鮮人強制動員記念碑は歴史事実を曲げた〝売国の碑〟だ』を掲載してもらいました。

これによって東神楽町長・旭川市長さらには農協や商工会が協力を見合わせ、ひとまず東川町での記念碑の建立は頓挫しています。

ところが、この運動の中心となっている〝東アジアの平和のための共同ワークショップ〟（強制連行・強制労働犠牲者を考える北海道フォーラム）は東川での碑の建立が困難になったために、今度は二十五年八月十九・二十の両日、お隣の美瑛町《びえいちょう》の共同墓地を発掘して慰霊祭を行ったのです。

北海道新聞は同フォーラムの発表を真に受けた捏造記事を同二十日・二十一日の両日、大々的に全道に垂れ流しました。これに対し私は警察や法医学者の意見を基に、遺骨を発掘したとする彼らと、これを報道した道新に徹底的に反論し、同時に公開質問状を出し、美瑛町での発掘が墓穴ばかりか遺骨まで捏造であることを公にして石碑建立を阻止することができました。

ところが、今度は猿払《さるふつ》村の共同墓地に同フォーラムは村の許可がないまま〝朝鮮人追悼碑〟

を建てるという暴挙に出ました。さすがにこの段階ではもう個人の手に負えないと、産経新聞社の編集者に相談はしたものの坐して既成事実化されるのを見過ごすわけにはゆかず、すぐに現場を確認し写真をネット上で配信してもらい、さらに地元各誌にも関連記事の掲載を依頼しました。また村役場の担当者にはこのフォーラムの構成員の素性や東川町や美瑛町での活動内容を伝え、村長にも報告するようにお願いしました。そして同二十五年十二月八日午前同フォーラムは追悼碑を一旦撤去はしましたが、村内への建立を諦めてはいないというのが現状です。

本文を読んでいただければご納得できると思いますが、いわゆる「朝鮮人強制連行」は北朝鮮による、韓国と日本へ向けてなされた離間工作なのです。それに乗せられてしまった朝日新聞をはじめとするマスコミ各社や日本共産党、日本社会党そしてその衣鉢を継ぐ社民党や民主党の一部政治家たち、さらにはこれに同調する反日団体によって慰安婦強制連行問題へと拡大し、現在も日本各地はもちろん世界中でその工作活動は効果を発揮し続けているというのが現状です。

本書は一昨年来、反日団体とこれに加担する北海道新聞との戦いの経緯をまとめたものです。今後もこのような歴史を捻じ曲げた反日活動が日本国内の随所で行なわれるでしょうが、市町村をはじめとする自治体関係者はもとより国民一人ひとりにその実態を広く知ってもらい、こうした活動を監視し封じ込める一助になれば幸いです。

なお、今後新聞記事を引用する場合はそのまま「……碑」としますが、本文中では特にことわりがない場合は北海道新聞が最初に報じた「朝鮮人強制動員感謝の碑」を用いることもあります。

また北海道新聞は文の流れによって道新と省略する場合もあります。

目次

反日石碑テロとの闘い――「中国人・朝鮮人強制連行」のウソを暴く

はじめに　1

一　**反日石碑テロは東川町から始まった**　10

（一）中国人強制連行事件殉難烈士慰霊祭　10

（二）中国人強制連行事件殉難烈士碑文　10

（三）中国人強制連行は捕虜と囚人だった　12

（四）反日自虐史観の挨拶文　18

（五）読み上げられる反日追悼文が明かす政治活動の実態　28

（六）三人の政治家が寄せた弔電　38

（七）強制連行が招く現地日本企業提訴　48

（八）平成二十六年七月七日慰霊祭参加者に自民党国会議員！　51

二　**東川町朝鮮人強制動員感謝の碑**　54

（一）町議会議員に対する質問と資料　54

（二）東川町への質問　65

（三）三首長への質問と回答　70

（四）三首長へ送った参考資料　73

三　〝朝鮮人強制労働者〟の墓や遺骨も捏造　88
―美瑛町のニセ人骨・ニセ墓穴事件―
（一）美瑛町の発掘を伝える北海道新聞関連記事　88
（二）２０１３夏アジアの平和のための共同ワークショップ　94
（三）発掘根拠の証言は記憶違い　96
（四）北海道新聞記事の検証　98
（五）北海道警察へ提出された〝遺骨？〟　110
四　北海道新聞への公開質問状　112
（一）公開質問状　112
（二）北海道新聞からの回答　123
五　猿払村共同墓地の石碑テロ　126
（一）電凸で阻止　126
（二）韓国の反日攻勢が一線を越えた　130
（三）猿払村遺骨発掘の実態　134
（四）旧日本陸軍浅茅野飛行場建設での朝鮮人強制労働と遺骨発掘レポート　137

（五）反論と考察　148
六　ニューヨークタイムズ東京支局長マーティン・ファクラー氏からの取材申し込み　159
（一）突然の取材申し込み　159
（二）ニューヨークタイムズ東京支局とのメールのやり取り　160
（三）ニューヨークタイムズ東京支局マーティン・ファクラー氏への回答　163
（四）ニューヨークタイムズ紙10月29日掲載記事に対する反論　177
七　私的に建立される強制連行追悼碑　202
（一）芦別市秀岳寺の追悼碑　202
（二）芦別炭鉱内外殉職者物故者慰霊塔　205
（三）沖縄県読谷村の「恨の碑」　206
八　呉一相の真実―北海道新聞記事から読み取る〝強制連行〟の実態　209
朴慶植『朝鮮人強制連行の記録』のウソを暴く重要証拠〟
おわりに　228

一　反日石碑テロは東川町から始まった

（一）中国人強制連行事件殉難烈士慰霊祭

北海道上川郡東川町《ひがしかわちょう》東十四号共同墓地には昭和四十七（一九七二）年、日中国交回復のお祭り騒ぎのドサクサに紛れて建立された中国人殉難烈士慰霊碑という反日拠点がある。毎年〝中国人強制連行烈士殉難慰霊祭〟が行なわれているが、翌月に町内全戸に配布される広報紙には、東川町の開拓功労者や戦没者を慰霊する東川町慰霊祭よりも大きくとりあげられている。

この催しがいかに史実を無視した反日的なものであるかは、碑文と読み上げられた追悼文や弔電を紹介することで充分であろう。特に平成二十四年七月七日の慰霊祭に際して読み上げられた大原雅樹氏（撫順《ぶじゅん》の奇蹟を受け継ぐ会北海道支部長）の追悼文によって、この碑の建立や慰霊祭が支那共産党の対日工作であった可能性が非常に大きいことが明らかになった。

（二）中国人強制連行事件殉難烈士碑文

共同墓地正面入り口にある〝中国人強制連行事件殉難烈士碑〟

碑　文

中国人強制連行事件の殉難烈士此処に眠る。

この事件は、日本軍国主義が中国侵略の一環として行った、戦争犯罪である。

具体的には、一九四二年十一月閣議決定にもとづき、政府機関、並びに軍が直接指導し、中国人を日本国内に強制連行、一三五の事業所に労役せしめ、多くの中国人を死に至らしめた。

一九四四年、この地にも三三八名を連行「江卸発電所」の建設に関連し、遊水池建設工事に苦役、連行途上を含め短時日に、八八名もの殉難をみた。

遊水池は、今も尚、忠別河水の水温上昇施設として、東川町並びに旭川市に及ぶ美田を潤す。

われわれは、今日、日本国の主権者である国民としてなによりも、中国国民に心から謝罪し、殉難烈士の霊を弔い、再び過ちを繰り返すことなく軍国主義の復活を阻止、日中友好、日中不再戦、を具現することを盟い日中両国民の永遠の友誼と平和を確立、自らの証として、この碑を建立する。

一九七二年　七月七日

中国人強制連行事件慰霊石碑建立実行委員会

（撰文　松橋久保）

日本軍国主義、戦争犯罪、強制連行、謝罪、殉難烈士、これだけギッシリ反日の文言が盛り込まれた石碑は、全国に数ある反日石碑のなかでもそう多くはないだろう。

（三）〝中国人強制連行〟は捕虜と囚人だった

旭川市内から大雪山国立公園旭岳へ向かう東川町の幹線道路沿いには〝中国人強制連行跡地〟〝中国人殉難烈士〟などと書かれた木柱や〝中国人殉難烈士慰霊碑〟の案内板が堂々と建てられている。経年劣化し倒れた杭は、旭川日本中国友好協会や中国人強制連行事件殉難烈士慰霊碑管理委員会の要望により、仏教会からの寄付を使って町が再建したということである。

巨額の税金が投入されて整備した大雪遊水公園には、さらに四百九十八万円もの町費を投じて造られた人民服姿の銅像（望郷）が、日本語・中国語・英語の三カ国語の碑文とともに立つ。参考までにこの碑文も紹介しよう。

戦時中の国策として江卸、忠別川（第一）の両発電所が建設されたが、その発電用水は約１４・４㎞のトンネルで導水されるために水温が上昇せず、下流の７９２６ｈａの水田に幾度となく冷害をもたらした。この遊水池は、その対策のための水温上昇施設として建設された。

遊水池建設にあたり、労働力不足を補うために１９４４年（昭和19年）９月に３３８名の中国人が強制連行され、劣悪な環境の下で過酷な労働が強要された。そして終戦までの僅か11カ月余りの間に88名もの方々を死に至らしめたのである。その大部分は若人であり、異国の地で故郷の父母や親族のことを瞼にえがきながら斃れていった。その無念さを思うとき、私達は、慙悸の念を禁じえない。

私達は、この歴史的事実を後世に伝えなお一層の日中友好の発展と永遠の世界平和を願うものである。ここに遊水池が大雪遊水公園として改修、完成したのを記念して、88

名の中国烈士の御霊に深甚なる祈りを込めてこの像を建立する。
２０００年（平成12年）７月７日　東川町長　山田孝夫

外務省の公式資料（華人労務者就労事情調査報告書）を詳細にみると、確かに東川町への強制性をともなう連行はあったがその内訳は、一次（昭和十九年九月）二九七名（内船中死一六名）、二次（昭和十九年十月）四一名、華北労工協会扱いによる訓練生である。ここでいう訓練生とは八路軍（共産党軍）の捕虜・帰順兵・土匪《どひ》（武装盗賊団）・囚人である。戦時捕虜や帰順兵はもちろん犯罪集団や囚人を強制労働させることは当時としては何等国際法上問題ではない。それを先の碑文は「戦争犯罪」と断じている。

また三三八名中八八名の死亡（率二六％）について、戦後第二次大戦中の捕虜死亡率が発表されているが、〇・〇三あるいは〇・一五％と極端に低い値を発表している英米を除くと、三〇％内外が当時の平均値で、特に高いという数値ではない。

それどころか、逆に日本兵や民間人が中国兵に捕まった場合、生きながらにして皮を剥がされたり目を刳《く》り抜かれたり、女性の場合は強姦されたうえ陰部に箒の柄を突き刺されたりという悲惨極まりない殺し方をされたことが報告されている。

また日本人捕虜に対する残虐行為は支那大陸だけではなく、世界初の太平洋無着陸横断飛行を成し遂げたリンドバーグの日記をみると、アメリカの捕虜になった日本兵がなぶり殺し

大雪遊水公園の〝望郷〟

道道沿いの木柱

道道沿いの案内板

にされたり、飛行場における集団虐殺の目撃体験が記されている。

戦場の米軍は日本兵をすべて殺してしまって、捕虜にしない方針、つまり投降日本兵は射殺することも書かれている。太平洋の戦闘で、日本兵の捕虜が極端に少ないのは、中国に勝るとも劣らない米軍の非人道的なこの方針、まさに戦争犯罪の結果だった。リンドバーグの日記は米国が発表している捕虜死亡率〇・一五％への明確な回答である。

若い読者には土匪という言葉になじみがないと思われるので説明を加える。土匪あるいは匪賊は集団で略奪暴行を行う盗賊のことである。パールバックの『大地』などを読めば凡《およ》その想像は可能であるが、ここでは関東軍の兵士として満洲に駐屯した、当麻町の田井亀太郎氏（故人　大正二年五月生まれ、実名をあげることは生前に地元誌にこのことに触れる記事を書く際に了承を得ている）に筆者が直接聞いた話を紹介する。

着任早々のこと、城壁の銃眼に火薬と石をつめた鉄管がずらりと並べてある。何にするのかとたずねると、土匪が収穫した穀物をぶんどりに来る。おとなしく渡せば事は起らないが、それでは城内が飢えてしまうので、戦う用意があることを示せば交渉次第によって巻き上げられる穀物や金品が少なくて済むのだという。

田井氏の任務は治安維持、つまりこうした土匪からの住民保護だった。城外の畑で作業する婦女子を土匪が誘拐することもしばしばあったので、護衛にあたる日本兵はどこへ行っても歓迎されたという。

一日の仕事を終えて日本兵に守られて笑顔で城内へ向かう支那人一向を、強制連行の証拠写真と伝えた朝日新聞関係者もあったが、支那人の笑顔だけではなく実際に護衛にあたった田井氏の貴重な証言は記事の捏造をさらに裏付けるものである。

戦時状況下で捕虜（将校及びこれに準ずるもの以外）や囚人を強制労働させることは、一九二九年のジュネーブにおける〝俘虜の待遇に関する条約〟に基づいて国際法上全く問題はなかった。

東川町宛に出した、「中国人については外務省資料から、八路軍捕虜・土匪・囚人と判明しますが、このことについて議会で審議されたのでしょうか」という私の質問に対して、東川町は次のような正式回答を出している。

町史等の資料によると、華人捕虜（村史636頁）中国人俘虜（町史467〜）と記述されており、地域に住む当時を知る方も『中国人は捕虜で、同じ服を着ていた』などと記憶しています。

東川町に残るこのような歴史的事実をはっきりと後世に残すべく「88名の中国烈士」は即刻「88名の捕虜および囚人」と書き改め、さらに「戦争犯罪」という文言は削除されなければならない。外務省や総務省は東川町に対して即刻調査を行い、事実関係を正しく後世に伝えるよう対処してもらいたい。

(四) 反日自虐史観の挨拶文

平成二十五年七月七日の慰霊祭に披露された〝永遠の日中友好を願う〟と題された実行委員会の挨拶文を紹介する。

永遠の日中友好を願う

向暑の候、皆々様方多数の御参列まことにありがとうございます。

さて、本日七月七日は、盧溝橋事件の七十六周年に当たります。

今更申し上げるまでもなく、この事件は、一九三七年七月七日、当時の日本軍国主義が全中国を併合しようとして、北京郊外の蘆溝橋付近で引き起こした、衝突事件であります。この事件を契機として、以後八年間に渡り戦火を中国全土に拡大し、言語に絶する災禍をもたらす太平洋戦争へと突入し、侵略戦争へと狂奔していくことになったのであります。

この侵略戦争によって国内の労働力が不足してきたため、一九四二年十一月二十七日の閣議決定により、中国人民を強制的に連行し、「鉱業、荷役業、国防土木建築業・及び重要鉱業」に就役させるという、非道な政策を強行したのであります。

その結果、数十万にのぼる中国人民が、軍俘虜収容所に送り込まれ、中国東北地方（旧満州）と日本内地に強制連行させられました。

こうして、その中の四万一千人が、政府指定の一三五カ所の重要事業所に、「供給」させられましたが、劣悪な労働条件と、峻厳な監視・管理体制、苛酷な重労働の為、外務省の報告書によってさえも、死亡者六千八百三十名、負傷者六千九百七十五名、敗戦時生存していた人も、ほとんどが罹病者という有様でした。

当地においても、敗戦の前年一九四四年九月に、三百三十八名の強制連行事件がありました。

当時、忠別川江卸発電所の建設工事に関連して、稲作北限地帯であったため、灌漑用水の水温低下を憂慮する地域農民を慰留し、発電所建設を予定通り推し進めるために、用水の水温上昇施設として、遊水池を建設する必要があり、ここに強制連行された、中国人が使役されました。

苛酷な労働と劣悪な環境の為、死傷者が相次ぎ、かくして、中国からの連行途中での死者三十四名を始めとして、現場到着後僅か三カ月以内に四十一名、その後も十三名が死亡し、合計八十八名が殉難したのであります。

その他にも、負傷者四十八名、罹病者二百二十一名と、驚くべき犠牲によって建設された遊水池は、今も数千ヘクタールに及ぶ美田を潤し、地域経済の発展に貢献しています。

一九五四年、異郷の地で犠牲になったまま現地に放置されていた、これらの殉難者の遺骸を調査、発掘し、各界の方々の賛同の下に当時の旭川市長坂東幸太郎氏を実行委員長とし、慰霊法要と遺骨送還が行われ、供養標の建立が行われました。

その後一九六八年に供養標を再建立し現地供養を毎年行ってきましたが、その供養標も木製で腐朽が進んできたため、一九七二年、各界の協力により、「中国人強制連行事件殉難烈士慰霊（石）碑建立実行委員会」が結成され、石碑着工の運びとなりました。

同年七月に完成した際には、故坂東幸太郎氏を総代とし、しめやかに慰霊法要を行いました。

以来、「実行委員会」を「慰霊碑管理委員会」に改め、毎年七月七日に当地において、東川町、旭川市、及び近隣市町村の方々と当時を偲び、反戦、平和、日中友好の願いをこめ、烈士の冥福を祈念しつつ、慰霊祭を行い今日に至っている訳であります。

本年は、蘆溝橋事件の七十六周年のみならず、日中国交正常化四十一周年、同じく慰霊碑建立四十一周年、日中平和友好条約締結三十五周年の年でもあります。

月日の経過とともに過去の歴史がだんだんと風化していく現状は否めませんが、戦後六十八年を迎える今も、このように身近な所にも、忘れようにも忘れられない歴史が、存在したことを事実は物語っています。

東川町周辺においては、戦時中、中国人強制連行だけでなく、中国人以上の多くの人数の朝鮮人が強制労働させせられた事実が、東川町と町民有志の皆さんの調査で明らかになっています。私たちは、中国人強制連行とも密接に関係する事実として、厳粛に受け止め、東川町と関係団体が進める遺骨発掘や慰霊の運動にも積極的に協力をしていきたいと思います。

近年の日中間の友好往来は、政治、経済、文化、教育をはじめ社会全般にわたり、今や日中間は切っても切れぬ関係に成長し、両国の友好は世界の安定にも不可欠であります。ここに日中友好の原点である平和、友好の誓いを確認するものであります。

日中国交回復宣言や日中平和友好条約締結で確認された精神を今一度思い起こし、子々孫々にわたる日中友好を深めていかなければならないと思います。

今年も、この様に多数の皆様の御参列をいただき、殉難烈士八十八名に対する慰霊祭を盛大におこなうことができましたことに対し感謝申し上げますとともに、改めて永遠なる日中友好を皆様とともに深く祈念するものであります。

二〇一三年七月七日

中国人強制連行事件殉難烈士慰霊碑管理委員会代表委員

東和土地改良区理事長　林　次　男

事務局　旭川日本中国友好協会会長　淀川　徳

開いた口が塞がらないとはまさにこの挨拶文のために用意された言葉である。

おそらく日中双方で、というよりは中国側から提示されたものを林氏は何のためらいもなく信じているのであろうが、盧溝橋事件を「日本軍国主義が全中国を併合しようとして」起こしたという誇大被害妄想というか誇大自虐史観には恐れいる。

盧溝橋事件について復習する。

盧溝橋事件の真相

一九三七（昭和十二年）七月七日深夜、蘆溝橋附近で、支那側の了解のもとに演習をしていた日本軍、義和団事件以来条約により合法的に駐留していた、に対して、突如不法射撃が行われました。近年になって、これが中国共産党の仕組んだワナであることが明らかになりました。蘆溝橋の国民党政府軍の中に中共軍のスパイが入り込んで日本軍に発砲したということが公刊された支那側資料のなかに記述されていたのです。…蘆溝橋事件は直ちに現地で解決されましたが、その後支那の各地で、二百人単位で日本人居留民が惨殺されるという事件が次々と起きました。その度に日本の軍隊が出動して国民党軍と戦火を交えることになり、事件は拡大していったのです。ですから日本はこれを戦争とは考えませんでした。支那事変と呼ぶ所以であります。日本が連合軍に宣戦を布告したとき、はじめて蒋介石が日本に宣戦布告をしてきたのです。

田中　敏：『ドイツでぶつけてみた私の近現代史観』「諸君！」１９９８・１

日本と中国（国民党政権）との戦争を最も強く望み、その勃発を企図したのは中国共産党であった事実を指摘せねばならない。その資料的根拠としては一九三二年（昭七）四月二十六日、中国共産党と中華ソビエト政府の発した「対日作戦宣言」及び一九三四年（昭九）五月三日、中国共産党が発出した「対日作戦宣言」「対日作戦基本綱領」を挙げれば十分であろう。中国共産党が日中の武力衝突を計画して公言していたのは盧溝橋事件（一九三七年）の五年も前からなのである。盧溝橋事件が上海事変となり、支那事変に発展して長期化した原因は、コミンテルンの指導と中共自身の拡大戦略に求めることができる。その例証を挙げる。

ａ：事件発生から一週間も経たぬ時期にコミンテルンから中共に対して「事件の局地解決を避け、日中全面的衝突に拡大すること」「対日平和派の抹殺」「下層階級を扇動して国民政府を対日戦争に追い込むこと」「中共軍は国民政府軍と協力する一方、パルチザン（ゲリラ）的行動に出ること」「事件を利用して国民党を圧倒する党勢に達すること」などの指令が発せられた。

ｂ：これに呼応して七月十五日、朱徳は「対日抗戦を実行せよ」という論文を発表、局地紛争を日中全面戦争に拡大すべしと主張、中でも民衆を対日戦争に参加させることの重要性を強調した。

c：支那事変初期の一九三七年九月二十六日、毛沢東は八路軍幹部に「日中戦争は中国共産党発展の絶好の機会である。共産党は力の七分を勢力拡大に、二分を国民政府との対応に、残る一分を抗日に使う」と述べ、①妥協、②競争、③反攻の三段階を経て国民党の政権を奪い取る陰謀を明らかにしている。日本も中国国民党政府の心ある人士も事変の早期終結と和平回復を望んで協力していたその時期に、ソ連やコミンテルンと結託した中国共産党は右の如く、自己の勢力拡大のために和平を妨害し、戦争を拡大させる謀略をめぐらしていた。

……この事件は我方にとっては正に寝耳に水だった。だからこそ夜間演習中に中国側から射撃された時、兵隊は鉄兜さえ携行しておらず、演習用の空砲の他に実包は万一に備えて各自三十発しか携帯していなかったのだ。しかも現地部隊は七月七日夜十時四十分頃最初の不法射撃を受けた後、三回射撃されても応射せず、翌朝五時三十分、四回目の一斉射撃で初めて反撃に出たのであり、この間、実に七時間にわたって一発も撃ち返すことなく穏忍自重した。これが侵略を陰謀する軍隊のやることだろうか。……盧溝橋事件を現場で指揮したのは何者か。一九二九年以来、中共秘密党員として二十九軍に潜入し、事件当時は副参謀長の地位にあった張克俠である。中国側資料によって彼を盧溝橋事件の首謀者として広く紹介したのは拙著『大東亜戦争への道』（一九九〇年、展転社刊）が我国では最初である。……彼は積極的な対日攻撃論者であった。我軍が北京の参謀本部を占領した時、分駐する日本軍の小部隊を大部隊で一斉攻撃する演習実施計画書が押収されたが、その日付けは五月二十三日、何と事件発生の六週間以上も前のことであった。この張克俠の日本軍全面攻撃作戦計画を承認し、実行を指示したのが中共北方局主任劉少奇であった、と中国側資料は告白しているのである。

中村　粲：『過去の歴史を反省すべきは中国の方だ』「正論」2001・7

右にあげた二つの資料を読めば、挨拶文は冒頭から史実をまったく無視したものであることが理解できよう。

閣議決定も一部を切り取り

また挨拶文の「一九四二年十一月二十七日の閣議決定」についても、中国人民を強制的に連行し、「鉱業、荷役業、国防土木建築業・及び重要鉱業」に就役させるという、非道な政策を強行したのであります。

としているが、実際の閣議決定は以下のようなものである。該当部分を引用するので参照されたい。

昭和十七年十一月二十七日　閣議決定

第二　要領

一、本方策ニ依リ内地ニ移入スル華人労務者ハ之ヲ国民動員計画産業中鉱業・荷役業・国防土木建築業及其ノ他ノ工場雑役ニ使用スルコトトスルモ差当リ重要ナル鉱山、荷役及工場雑役ニ限ルコト

二、移入スル華人労務者ハ主トシテ華北ノ労務者ヲ以テ充ツルモ事情ニ依リ其ノ他ノ地域ヨリモ移入シ得ルコト　但シ緊急要員ニ付テハ成ル可ク現地ニ於テ使用中ノ同種労務者並ニ訓練セル俘虜帰順兵ニシテ素質優良ナル者ヲ移入スル方途ヲモ考慮スルコト

東川町に送られたのは閣議決定にある「俘虜帰順兵ニシテ素質優良ナル者」であったことは外務省資料でも確認できる。そしてこれが当時の国際法上で何ら違法ではなかったことは先に述べたとおりである。

さらに備考として以下の文言に注目すべきである。

備考

支那ニ於ケル技術労務者不足ノ現況ニ鑑ミ本方策ノ実施ニ関聯シ別途華人青少年労務者ノ内地工場ニ於ケル使用ヲ認メ之ガ使用ニ付特ニ技術的訓練ニ意ヲ用ヒ将来支那ニ於ケル基幹労務者タルベキ者ヲ養成スル措置ニ付テモ併セ考慮スルコト

いかがであろうか、どこが〝強制連行〟の閣議決定なのか、「内地工場では特に彼らの技術訓練を重視し、将来の支那における指導者を養成しよう」とうたっているではないか。

〝朝鮮人強制連行感謝の碑〟に布石

この追悼文が読み上げられたのが平成二十五年七月七日である。追悼文は次のように続く。

東川町周辺においては、戦時中、中国人強制連行だけでなく、中国人以上の多くの人数の朝鮮人が強制労働させられた事実が、東川町と町民有志の皆さんの調査で明らかになっています。私たちは、中国人強制連行とも密接に関係する事実として、厳粛に受け止め、東川町と関係団体が進める遺骨発掘や慰霊の運動にも積極的に協力をしていきたいと思います。

つまり今後繰り広げられる〝朝鮮人強制連行感謝の碑〟建立運動についても積極的に協力すると宣言しているのだ。これは明らかに慰霊という目的を逸脱した政治運動宣言というものだろう。

平成二十六年七月二十二日、群馬県は県立公園「群馬の森」（高崎市）に立つ戦時中の朝鮮人犠牲者の追悼碑について、碑を管理する市民団体が政治運動に利用したことを理由に、この団体が申請していた設置期間の更新を不許可と決定し、「速やかに撤去すること」を団体側に求める通知を出している。そもそも〝中国人強制連行事件殉難烈士慰霊碑〟の名前からして政治運動そのものであり、東川町は公有地をこのような政治運動目的に使用させるべきではない。

（五）読み上げられる反日追悼文が明かす政治活動の実態

旭川市長の追悼文

まずは平成二十五年七月七日に読み上げられた西川将人旭川市長の追悼文全文を紹介する。

追悼の辞

日中平和友好条約締結三十五周年、蘆溝橋事件勃発七十六周年、慰霊碑建立四十一周年を迎え、本日ここに「中国人強制連行事件殉難烈士慰霊祭」が執り行われることにあたり、謹んで追悼の辞を申し上げます。

ご遺族をはじめ、関係各位の深い悲しみと心の痛みを想うたび、私たちは戦争の悲惨さを痛感いたします。

今日の私たちの平和と繁栄の陰には、過去の戦争において強制連行された中国人民による苛酷な使役があったことを、私たちは決して忘れてはなりません。

祖国を想い、家族を案じつつ、再び故郷の大地を踏みしめるという一縷の望みを糧に、苦しき日々を過ごされたであろうその三百三十八名の方々、また、そのうちの八十八名の方々は、筆舌に尽くし難い苦難の果てに、その願いもかなわず、故郷に想いを馳せながら殉難されました。

諸霊の御心に想いを寄せるとき、ことさら深い悲しみが私たちの胸を締め付けて参ります。あなたがたの辛苦に満ちたでありましょう御霊をお慰めするため、盧溝橋事件勃発の七月七日に、毎年多くの有縁の方々とともに、慰霊祭が執り行われますことに心から敬意を表しますとともに、哀悼の誠を捧げる次第であります。

戦後六十八年を経て、私たちは日々、平和な暮らしを送っておりますが、本日の慰霊祭に際し、改めて平和の尊さの認識をしているところであります。

中国と日本が隣国同士、さらに相互理解と友情を深めながら、ますます活発な交流が行われることを大いに期待するものであります。

本市は、平成七年に中国の哈爾濱《ハルピン》市と友好都市提携を結びました。

今年で提携十八周年を迎え、来月には両市の友好提携以来、初めてとなる哈爾濱市中学生訪問団一行の受入を行います。滞在中には本市の青少年との交流などを行う予定ですが、次世代を担う両国の青少年の相互交流に携われることに対しての責任と喜びを感じるとともに、年を重ねるごとに、友好と交流の輪が広がっておりますことを、諸霊に衷心からお知らせする次第であります。

私たちは、皆様方の尊い犠牲を決して無駄にすることなく、永遠に心に刻み込み、さらに平和に徹しながら、これからの両国の絆を一層確かなものにしていくことをお誓い申し上げる次第であります。

ここに八十八烈士の御霊が安らかに眠られますことを心から念じまして、追悼の辞といたします。

平成二十五年七月七日

旭川市長　西　川　将　人

そもそも七月七日に行われる慰霊祭そのものが政治的であり、市長が「中国人強制連行事件殉難烈士慰霊祭」と冠された式典に参加すること自体が歴史捏造に加担することになるのみならず、その追悼文に「強制連行された中国人民による苛酷な使役」などという文言を入れることは、市長自らの政治活動に利用もしくは反日勢力に利用されていることを表す証拠である。

しかも哈爾濱市との交流が「年を重ねるごとに、友好と交流の輪が広がって」いないのは、哈爾濱駅に伊藤博文をハルピン駅頭で暗殺した安重根義士記念館を開設したことでも明らかである。

旭川市長は直ちに友好都市提携を破棄すると宣言すべきである。

反日政治思想刷り込みに利用される慰霊祭

次に手元に詳しい資料のある前年、平成二十四年七月七日に開催された中国人強制連行事件殉難烈士慰霊祭の概要を紹介する。

出席者は読み上げられた焼香順によると、中国札幌総領事、旭川華僑総会副会長、旭川観光協会、中国出身の複数の北海道教育大学教員、在日朝鮮人総連合会旭川支部、在日大韓民国民団旭川支部などの関係者、松岡市郎東川町長をはじめとする東川町関係者、同町および当麻町農業団体関係者、同町商工会関係者、同町仏教会関係者、強制連行・強制労働問題を考える北海道フォーラム関係者、日中友好協会関係者、三井あきこ道議会議員、三井幸雄旭川市議会議長、九条の会関係者、ＪＲ労組関係者などである。

読み上げられる追悼文にはどれも「強制連行」の言葉が記されている。その一部を要約して紹介する。

①林次男（中国人強制連行事件殉難烈士慰霊碑管理委員会代表委員）

慰霊碑建立40周年を迎える年にあたり慰霊碑管理委員会を代表して88烈士の御霊に慰霊の言葉を述べる。思い起こすにあの日中戦争により338名の中国人の方々が異国の地東川に強制連行され、忠別発電所に付随する遊水池の建設工事に酷使されわずか一年たらずに88名の尊い命をなくした。この大きな犠牲のもとで築かれた遊水池は地域の発展に大きく貢献している。

②松岡市郎（東川町長）

思い起こせば昭和10年4月、日中全面戦争の突入し、その結果この東川町に強制連行された方は338名にのぼります。そのうち34名が死亡した。後に連行されたのは三百余名で88名の殉難者を出す事態となった。その結果、完成した遊水池は本町の農業発展の礎となっている（筆者注：私が、強制連行という言葉は史実に反すると抗議したことを受けて、松岡氏は地元誌『北海道経済』［2013.5］誌上で「私はこの町に〝強制連行〟や〝強制動員〟があったとは思っていない。だからこういう言葉は使ったことがない」と発言している）。

③旭川市長（先に平成二十五年分を紹介したので省略）

④大原雅樹（撫順の奇蹟を受け継ぐ会北海道支部長）

日本は戦争末期の著しい労働力不足を解消する手段として日本の敵国である中国人を日本国内に強制連行させるという全く理不尽な事をした。そして東川に強制連行された中国人も厳しい労働をしいられた。この都合の悪い史実は現代に生きる私たちは忘れてはならない事実です。今求められているのはひたむきに史実を掘り起こすことです。

　私たち撫順の奇蹟を受け継ぐ会は、反戦平和・日中友好を願う中国帰還者連絡会北海道支部の方々の中国での加害を含めた体験を記録し、真実を学び常に前に進むのが目標です。私たちは旭川に活動された中国帰還者連絡会の相川さん、板橋さんが実現と継続に力を尽くした東川の活動に参加させていただくことで、私たち、撫順の奇蹟を受け継ぐ会北海道支部は中国帰還者連絡会の精神を受け継ぎ学習と運動を続ける。（傍線は著者）

　どの追悼文にもしっかりと「強制連行」がうたわれていることはともかくとして、ここで最も注目しなければならないのは、大原雅樹氏が奇しくも明らかにしたように中国人強制連行事件殉難烈士慰霊碑の建立および慰霊祭そのものが中国帰還者連絡会の政治活動だったということである（傍線部に注目）。

　中国帰還者連絡会およびこれを継承した撫順の奇蹟を受け継ぐ会とはどのようなものであろうか。

　終戦時、旧満洲に駐留していた軍、民間人約六〇万人が条約を反故に侵入してきたソ連軍に抑留されシベリアに送られて過酷な労働を強いられた。まさに強制連行、強制労働である。昭和二十五（一九五〇）年七月、共産思想教育で特に優秀として選抜された将兵、民間人九六九人がソ連側から中国側に引き渡され、撫順戦犯管理所に収容され、思想教育の総仕上げを受けて帰国後は中国帰還者連絡会を結成し相互監視しながら共産主義革命運動に専念していたのだ。追悼文を述べた大原雅樹氏の肩書きを見れば、ご本人がどのようにご自分のなさっていることを理解しているかは別として、結果として彼が現在どのような活動をしているかは明らかである。

中国帰還者連絡会を好意的に伝える北海道新聞

平成二十五年八月八日北海道新聞朝刊記事は撫順《ぶじゅん》での思想教育の一端が示されているが、例年八月になると道新の「日本悪かった宣伝」に拍車がかかる。

朝刊二十九頁、八段ぶち抜きで「加害伝える91歳の気概」「中国で従軍　札幌・大河原さん」の記事は、「旧日本軍が中国に侵略した加害の歴史の一端を、自らの体験談として語り続ける男性がいる」で始まる反日一色の内容だ。

ところが、この大河原という人物について紹介されている経歴でみごとに馬脚を現している。

大河原さんは岩見沢で生まれて、43年に第7師団の連隊に入隊し、中国山東省へ。終戦後、旧ソ連での収用所生活を終えて、中国遼寧省の撫順戦犯管理所に送られ、6年拘禁されたのが転機となった。中国は旧日本軍の行なったことを調べるため、管理所の千人近い日本人に殺人、略奪、性暴力などの行為を細かく聞き取る一方、個人の責任には寛大に対処したとされる。…大河原さんは起訴免除となり、56年帰国。翌年、同管理所の元入所者ら全国の有志と加害の歴史を語り継ぐ中国帰還者連絡会を設立し、副会長を務めた。

この撫順戦犯管理所はコミンテルンの対日工作員養成所であったことは、田辺敏雄著『検証 旧日本軍の「悪行」―歪められた歴史像を見直す』（自由社）によって広く知られるようになった事実である。十年ほど前まで毎年八月になると道新が載せていたもう一人撫順帰還者と大河原氏との記事に対して、そのつど地元誌にこの事実を紹介し続けた甲斐が有ってかしばらく道新も見向きもしなかったが、日頃ＪＲ北海道を技術の伝承が途絶えたと非難しているわりには、以前大河原氏を登場させて大恥をかいた先輩記者の失敗談が継承されていなかったようだ。

反日的な発言を繰返す一部の元兵士のほとんどがシベリア抑留経験者、中でも過激な発言をするのはシベリアで共産主義洗脳教育を受け、さらに支那の撫順で総仕上げをされた優等生たちなのだ。

そもそも〝洗脳〟という言葉自体、支那共産党が敵国捕虜に対して行なったことが始まりの造語で、その方法は〝外部隔離〟〝尋問〟〝暴行〟〝賞罰〟〝教育〟〝罪悪感を植えつける〟そして仕上げは〝自己批判〟だ。こうして完成された共産主義者というよりは中共のスパイは人道的処置として敵国へ帰され、というよりは放たれる。帰還者の証言では撫順では自分が行なった残虐行為を作文させ、残虐さが足りないと突き返され、教官が満足するような残虐行為を捏造して自白すると皆の前で称賛されるというようなことが繰り返され、やがて捕虜たちは競って自らの残虐行為の記述をエスカレートさせていったという。道新記事にある大河原氏の写真の右に「白状したから終わり、ではない」とあるが、白状すればするほど優遇されるというのが洗脳の最も有効な手法なのだ。

旭川市は第七師団がおかれていたため、私の叔父をはじめ多くの兵士が大河原氏と同じくシベリアへ抑留された。以前の関連記事への反論として、当時地元誌に紹介した元抑留者の証言を再録する。もう故人になられたが、北海道遺族会会長の桜岡勝三氏や市内在住の明石久一氏をはじめ実名公表を承諾してくれた方々の証言だ。

洗脳された若者たちは、暖かい住居と充分な食糧を与えられ、重労働と栄養失調でへとへとに疲れ果てて仕事から帰った自分たちを眠らせず、さらに思想教育と称して休息させてくれなかった。

自分はシベリアの炭鉱で塵肺《じんはい》になった。共産党教育で洗脳された人は若い人が多かった。自分たちは共産党になったフリをして、船が港を出るまでコミンテルンの歌をうたい何とか帰ってくることができた。

洗脳された若者たちは祖国では共産主義者たちが熱烈に歓迎してくれると勘違いして、本土が見えるとコミンテルンの歌を歌うように自分たちに強要したが、見えていた陸地が日本本土と肉眼で確認できると、だれもが歌うのをやめた。そのうち若者たちも聞かされていた内容と様子が違うので歌うのをやめて押し黙ってしまった。

一日思想教育を受けると五日間の労働免除があり、優秀な者はさらにモスクワへ誘われた。すでに多くの者が立派な共産党員となって日本で活躍しているのでお前も行かないかと誘われた（的場注　桜岡勝三氏の証言、教育係将校には撫順ではなくモスクワと知らされていた）。

私は過去に撫順に送られた経歴を持つ人物のお話を聞く機会があったが、相互監視に怯えていたせいか絶対に名前や経歴、住所が分かるようなことは公言してくれるなと固く念をおされている。その後二度ほどお会いする機会があったが証言に関する実名公表の許可を得ることは出来なかった。

繰り返すが中国人強制連行事件殉難烈士慰霊碑の建立および慰霊祭そのものが中国帰還者連絡会の政治活動、もっと言えば対日工作活動に他ならないのである。

（六）三人の政治家が寄せた弔電

・**加藤紘一**（公益社団法人日中友好協会会長）

蘆溝橋事件七十五周年を迎える本日、中国人強制連行事件殉難烈士慰霊祭が執り行われ殉職されました中国人の皆様のご冥福を心から祈念申し上げます。本年は日中国交正常化四〇周年の節目の年でもあります。四〇年来日中両国関係は政治・文化・教育・スポーツ・科学技術等多くの素晴らしい発展を遂げている。引き続き日中両国の有効と世界の平和のため尽力していきたい。

初代内閣安全保障室長、佐々淳行氏の『私を通りすぎた政治家たち』（文藝春秋）によると、佐々氏が防衛施設庁長官時代に防衛庁長官として加藤氏を迎えた最初の参事官会議で彼は、「若いころマルクス・レーニンにかぶれないのは頭が悪い人です」と言い放ったという。会議が終了後、佐々氏をはじめ統合幕僚会議議長、陸海空の各幕僚長も背広組も、「私たちは若いころ頭が悪かったんですな」と顔を見合わせたというあの元防衛庁長官の加藤氏だ。

先にも述べたようにこの式典は支那共産党の洗脳を受けた中国帰還者連絡会、そしてそれを継承した撫順の奇蹟を受け継ぐ会の、いわば共産主義革命運動そのものなのであるが、加藤氏はまだ共産主義者の手先になっていることに気づいていないようである。

〝若いとき社会主義者にならないヤツは Heart がない。年とってからも社会主義者であり続けるヤツは Head がない。〟とひところ言われたものであるが、「年を取って過激なのは馬鹿の骨頂だ」とゲーテも言っていたとロマン・ロランは『ジャン・クリストフ』に書いている。どうやら若い時に頭が良かった加藤氏は年を取ってすっかり頭が悪くなってしまったのだろう。

そもそも前身の日中友好協会についてウィキペディアには、「日中貿易を文革政府の〝朱印〟を持つ勢力に独占させ、友好商社方式で対日工作資金を持ち込み、中国いいなりの工作機関と議会ロビーを育成する大方針があった」などというおどろおどろしい記載がある。

・佐々木隆博（民主党衆議院議員・農林水産副大臣）

先の大戦中、多くの中国人や朝鮮人を強制的に連行し日本国内135事業所で過酷な労働・生活を強制し多くの方が犠牲となった。不幸な歴史を二度と繰り返すことのないよう努力していくことをここにお誓いする。

政治家にとって最も大事なことは自国の歴史をしっかり学ぶということだとつくづく実感させられる。どこに朝鮮人が強制連行されたというのだろうか。

ちなみに中国の工作機関に触れたので、民主党の前身日本社会党に対する当時のソ連の工作活動についても触れておかなければならないだろう。

名越健郎著『クレムリン秘密文書は語る—闇の日ソ関係史—』（中公新書 1994）によると、昭和四十六（一九七一）年の五十嵐公三元官房長官の旭川市長三選に際して、ソ連は北方領土返還運動の高まりを抑えるために五十嵐市長を支援し、その要請を受諾して木材五〇〇〇立方メートルの売買契約が結ばれたとする記載がある。また昭和五十（一九七五）年に五十嵐氏が立候補し敗退した北海道知事選に関しても在日ソ連大使館の一等書記官と社会党北海道本部委員長（本文では両者とも実名）の秘密会談では委員長の「革新統一候補である五十嵐公三には勝つチャンスがある。選挙戦を成功裏に戦うためには、約五億円が必要だ…」「選挙資金調達に関連して、社会党系商社である永和通商に対して、木材と鯨肉四〇〇〇トンを売却するという彼（筆者注：同委員長）が昨年提案した契約を実現させる可能性を検討するよううソ連側に要請した」、という生々しい内容が記載されている。

つまり中ソ双方がいわゆる〝朱印貿易〟による資金提供で日本の政治家たちを動かしていたということだ。さらに日中国交回復以降はＯＤＡのキックバックがこれに代わり、これによって歪められる日本外交にたまりかねて先ほどの佐々淳行氏は月刊誌に実名で論考を寄せている。

今の外務省は唯一の権益であるＯＤＡ（政府開発援助）を使って、世界中に金をばらまくことが国際援助外交と心得違いをしている。しかもこのODA（年間約一兆円）に関しては、政府による相手国政府に対するキャッシュによる直接援助ということもあって、会計検査が全くなされていないのです。「内政干渉」になるから、というのがその理由です。だからこそ、一部の政治家がこのODAの金をめぐって暗躍するのです。実際、ODAに関して、口をきいた政治家へのキャッシュバックが、必ず援助額の何パーセントかあるというのは永田町の常識です。例えば、ミャンマーのアラカン山脈の東地域までは五パーセント、アラカン山脈から西は十パーセント、アフリカ、南米は天上なしのピンハネがあるとまで囁かれています。

佐々淳行：『奇怪な三角関係とNGOの真実』「諸君！」2002. 4.

例えばガーナの旧宗主国はイギリスですが、何と日本はイギリスの倍額、百億円前後を毎年拠出している。そんなことをして日本に何の得があるのでしょうか。現地の大使館関係者たちは、「ODAのおかげで我々は鼻が高い」とよろこんでいるけど、かつて児玉源太郎大将が喝破したように、「貴官を名誉ある地位において高い給与を払っているのは貴官を喜ばせるためではなく国家に奉仕してもらうため」なんですからね（的）。……そもそもODAというのは、かつてキッシンジャーが一九七〇年代末期に来日して、時の大平総理に、「日本は軍隊による国際社会への貢献はしなくてもいいから、その分、経済大国として国際平和に貢献するようにしてほしい。先ず、アメリカが従来やってきた東南アジアへの経済援助を肩代わりしてくれ」と言ってから始まったんです（佐）。

佐々淳行・的場順三：『天下御政道にたじろぐ勿れ』「諸君！」2002.11.

特に対中ＯＤＡに関しては早くからキックバックによる弊害が指摘されていた。

あまりに情けないのは中国から「ＯＤＡキックバック」をもらう政治家がこの国にいること。ＯＤＡとは、日本国民の血税によってなされるもの。それが中国に朝貢され、中国の政治的謀略でそのお金が日本の政治家にまかれる。それは一部マスコミにも流れる。中国にモノ言えぬ政治屋・マスコミどもであふれ返るこの国。悲しいかな、彼らは愛する祖国日本を中国に売っている。

濤川栄太：『歴史教科書で日本没落に歯止めをかけられるか』「正論」1998.2.

一兆七千億円もの巨額の日本国民の税金を注ぎ込みながら、途上国の民衆に感謝されるどころか「腐敗と独裁の政権を支えるだけ」と非難されている……。

稲垣　武：『マスコミ照魔鏡』（24）「正論」1998.6.

前々から囁かれていた噂を自民党幹部が「週刊新潮」（二月二十一日号）で語っている。「一般的に、諸外国にばら撒かれているODAの数%は口利きした代議士の下へと還流すると言われています。特に無償援助は宝の山で、業者からのキックバック、あるいは相手国政府自体からのキックバックなど、方法は様々です。鈴木（宗男）が委員長を務めていた対外経済協力特別委員会はそのODAの実質的な配分機構です」と。

倍唄：『バサリ論壇』　正論 02.4.

何せ中国だけでも年間三千億円ものODAが行われていたのである。〝自民党をぶっ潰す〟と宣言して誕生した小泉政権がまず「ぶっ潰した」のはこのODA利権だったのである。小泉・安倍両政権になるまで日本の政治がいかにODAによって歪められていたか、そして当時その恩恵にあずかった政治家たちの中国をはじめとする反日国に対する卑屈な態度が理解できようというものである。

・**真下紀子**（日本共産党道議会議員）

日本軍国主義が中国との全面戦争へと突入するきっかけとなる盧溝橋事件から七十五年を迎えました。この侵略戦争の中、中国人民を大量に虐殺し、日本に強制連行し過酷な状況の下労働に駆り立て多くの命を奪った。

平和への思いを強く持ち、微力ながら日中関係、近隣諸国とのさらなる友好、発展の為に尽力したい。

共産党の面目躍如といって笑って済ますというのが大人の態度というものだろうが、この慰霊祭には多くの留学生も参加しており、いまさら共産党議員を相手に大人気ないとは思うが、特に「中国人民を大量に虐殺」という文言は捨て置けない。真下氏の「大量に虐殺」はいわゆる南京大虐殺についてのことだと思われるのでしっかりと反論しておく。

南京大虐殺についての証言

真下紀子共産党道義の弔電にある「中国人民を大量に虐殺」について重要な証言と文献を紹介しておこう。

幸い私の患者には当時の南京をよく知る人たちが多くあり、その証言を地元誌などにご本人の承諾を得て紹介していた。以下は平成九年九月、地元誌『北海道経済』に寄せた私の文章の一部である。

当時の南京は最大限二十万人の人口で、日本軍の進出に城内の中国軍指揮官は部下を捨てて逃げ出し、規律を失った兵たちが暴徒化し、住民の虐殺略奪を行ったこと、その際約二万人の住民が犠牲になったことが伝えられている。

市内在住我が東高の大先輩阿部崇明氏（旭中25期、昭和7年卒）の証言は貴重だ。氏は日本交通公社満洲支部に勤務中、奉天（現・瀋陽）から南京落城観光団を組織し南京へ出かけた時の模様を語る。

「当時の新聞では城壁は破壊しつくし敵軍を殲滅し日本軍は大勝利、といった報道だったが、現地へ行って、なぁーんだ、こんなもんか、という印象だった。脇坂部隊が突入したという光華門の城壁が幅二《メートル》、上部が高さ六《メートル》ほどまで崩されていただけで、報じられた激戦の跡もなく、将官が先に逃げたため、高さ八《メートル》の城壁の裏側には指揮を失った支那兵が、銃眼から垂らし伝って敗走したゲートルが延々一《キロ》にわたって風になびいていた。もちろん観光団を受け入れるくらいだから、住民の支那人は平和に暮していたし、支那人の旅館にも泊った。二十万も、三十万も虐殺があったなんてことはない」。

また一部に報じられた日本軍が破壊した南京城の再建のための募金については、「あんなもんは、そこらの左官屋でもなおす、何億もなんて話にならん」ということであった。

南京大虐殺について阿部氏の証言とよく符合する文章が山本七平の『日本人はなぜ敗れるのか』（角川新書二九六〜二九八頁）に見える。特に大切な符合なので一部引用する。

最近、『旅』という旅行雑誌の昭和十二年―三年版を読む機会があった。十二年といえば日華事変のはじまった年、その十二月十三日に南京攻略があり、今では知らない人のない〝南京大虐殺〟があり、十三年に入ればすでに戦争一色のはずである。…『旅』は旅行雑誌である。雑誌である以上ニュース性の追求はある。南京攻略に際して、南京へ特派員を派遣したこともそのニュース性のゆえであろう。…そしてこの記者は、十二月十三日に中山門から南京に入り、その間に見たことを正確にスケッチしている。ということは、軍の発表でも従軍記者の記述でも、日本軍突入時と記されている日時に入っているわけで、大激戦を見、銃声・砲声・轟音を耳にし、虐殺の屍体の山を見ているはずである。

ところがこの記者は、まるで散歩でもするように、城門に近づき、途中でオートバイに乗せてもらって城内に入り、たった一人で城内見物のため歩きまわっている。発表では掃討戦の最中であり、いたるところ銃弾がとびかっているはずであり、毎日新聞「百人斬り競争」の浅見記者の記述によれば、この時点で中山門では、戦車隊の決死的突入があり、同じく鈴木特派員によれば、屍体の山の上を戦車隊が突入していったはずである。

ところが彼は、何らそういうものを見ず、銃声さえ耳にしない。二体の屍体の描写があるが、それは数日前から（ということは日本軍突入以前から）放置されているもの。彼が見た戦争らしい痕跡はそれだけである。そしてすぐさま孔子をまつる夫子廟へ行く。

夫子廟には仲見世があって、彼はそれをひやかして歩く。そして彼が記している意外性は、「孔子の廟の仲見世に電気器具の店が並んでいた」という意外性なのである。…南京に関する当時の新聞記事が、いかにひどい虚報であるかは『私の中の日本軍』で詳説したから再説はしない。

市内神居ペインクリニックの高田稔院長の祖父高田勇三氏は南京攻略戦に兵士として従軍した。家業が写真屋であった彼は南京に入る前に上海で当時としては珍しいライカの三五ミリカメラを手に入れ、南京落城後まもなく多くの平和そのものの風景をフィルムに納めてそのまま帰国し、戦後二冊のアルバムにまとめて保存していた。

十年ほど前になるが南京に詳しい大学教授にそのアルバムを見てもらったところ、町の看板の状態や雪景色などから写真撮影の日付までが特定され、高田院長はその写真を携えて日本「南京」学会々長の東中野修道亜細亜大学教授らとともに南京での〝南京大虐殺〟に関するシンポジウムに参加することになっていたが、あらかじめ送った資料に写真のコピーが入っていたことが災いしたのか、一週間前に入国拒否の通知がきて中止となった。

私もそのアルバムを見たが、通りには山本七平氏の著作にあるように仲見世が出て、日本兵が支那人に床屋をしてもらっている写真が特に印象的だった。

さらにプールで水浴をする女性の姿も写っている。私はこれらのアルバムを検証のために近代史研究家の松尾一郎氏に送った。氏はこの写真を月刊誌『正論』（2014.8）に〝写真が証明する「南京大虐殺」宣伝の嘘〟として寄稿している。虐殺・強姦をこととする日本兵を前に笑顔で水浴する女性たちとはどういうことだろうか。つまり日本兵は虐殺も強姦もしなかったという証拠写真に他ならない。

また通院患者（大○氏、六十二歳）の父親は亡くなる一年前に、南京について「本当はどうだったのか」という問に重い口を開いたという。

戦闘らしい戦闘もなく、入城すると何体もの服を剥がれた支那人の屍体があった。支那兵は民間人を襲う暴徒と化し、服を剥ぎ取っていた。

阿部氏が当時の新聞が戦果を大々的に報じていたにもかかわらず実際に行ってみるよ「なぁーんだ、こんなもんか」と思ったように、『旅』の記者も高田稔院長のお爺さんや大○氏の父親が見た南京は常識から判断して三十万人の大虐殺など起りえない状況だったのである。つまり共産党の真下紀子議員が弔電に記したような「中国人民を大量に虐殺」した事実はなかったのである。

（七）強制連行が招く現地日本企業提訴

中国国内では強制連行をめぐって日本企業への提訴の動きが活発化している。

平成二十六年一月二十六日北海道新聞朝刊二頁は、「戦時下 日本企業による強制連行」「中国内で提訴計画」「被害者や遺族 賠償要求」の見出しで大きく伝えているので、全文を紹介する。

日中戦争時の日本企業による強制連行をめぐり、中国人被害者や遺族が、日本企業を相手に損害賠償や謝罪を求める集団訴訟を中国内で起こす検討作業を進めていることが15日、分かった。対象企業は三菱マテリアルなど数社。最終的に日本の計20社が対象となる大規模訴訟に発展する可能性もある。複数の関係者が明らかにした。

強制連行をめぐっては、日本での裁判で被害者の敗訴が確定しているが、中国内で本格的な訴訟は起きていない。中国の裁判所で日本企業に賠償命令が出れば、韓国に続く動きで、日本は近隣国との関係でさらに厳しい状況に追い込まれることになる。

三菱マテリアル広報・IRは「国を抜きにした解決はあり得ない」との立場を示し、提訴の場合は「しかるべき対応を取る」としている。

関係者によると、北京や山東、河北省などの裁判所で提訴する計画で①強制連行を認め謝罪②すべての被害者への謝罪③慰霊・祈念碑を日本国内に建立―を求める方針。中国の「中華全国弁護士協会」に所属する弁護士らが訴訟を計画、政府系シンクタンクの中国社会科学院や北京大の研究者らも関与している。

集団訴訟は、韓国で元徴用工への損害賠償を日本企業に命じる判決が続いたことを参考としており、沖縄県・尖閣諸島をめぐる対立や靖国神社参拝問題で日中関係が悪化したことを受け、急速に動きが活発化した。3月の全国人民代表大会までに提訴するかどうか判断するというが、最終的には習近平指導部が提訴を容認するかが鍵となる。

三菱マテリアルに対しては、中国で統一交渉団をつくり、日本の弁護士を含む統一代理人を通じ全面解決に向け交渉を要求している。

日本の外務省報告書などによると、強制連行された中国人だけで3700人いるとされている。

日中国交正常化をうたった1972年9月の共同声明は「中国政府は日本国に対する戦争賠償の請求を放棄する」と規定している。強制連行や従軍慰安婦の中国人被害者らが個人の賠償請求権はあるとして相次いで日本で提訴したが、最高裁が2007年個人の賠償請求は日中共同声明で放棄されたと判断。中国人原告の敗訴が確定した。（北京共同）

私が東川町の〝**中国人強制連行事件殉難烈士慰霊祭**〟を中国の日本国内における工作活動だというのはまさにこうしたことを指しているのだ。つまり事実とは異なる「強制連行」を日本国内の隅々にまで石に刻み、日本国内や中国国内での訴訟と引き換えに、尖閣や靖國など様々な問題で日本政府に譲歩を迫ろうとするのである。

（八）平成二十六年七月七日慰霊祭参加者に自民党国会議員！

私の手元には今年平成二十六年七月七日に行われた中国人強制連行事件殉難烈士慰霊祭の焼香読み上げ順を元に作成された参加者名簿がある。

中には当日不参加の者もあると思われるが、この慰霊祭の概容を知るよい資料なので職務上やむを得ず参加したと思われる者や、個人の将来に差しさわりの出そうな個人名の一部は伏せ字として紹介する。政治家、議員は全員名前を明記する。

李涛（在日中国札幌総領事館領事）以下中国領事館および華僑関係者四名、李衡文（在日朝鮮人総聯合会旭川支部）、金将恒（在日本大韓民国民団旭川市支部支団長）、西川将人（旭川市長、追悼文代読）、○谷好○（旭川市総合政策部地域振興担当部長）ほか一名、松岡市郎（東川町長、追悼文代読）以下東川町役場関係者六名、浜辺啓（東川町議会議長）、米田保（同副議長）、鶴間松彦（同議員）、宮崎正志（東川町農業委員会会長）、樽井功（東川町農業協同組合代表理事組合長）、藤田裕三（東川町商工会会長）など。

〝江卸発電所忠別川遊水池朝鮮人強制連行動員の歴史を掘る会〟関係者近藤仲生代表、塚田高哉事務局長ほか会員三名。

林次男（東和土地改良区前理事長）○沢○博（同総務課長）、今津寛（自民党衆議院議員）、真下紀

子（共産党道議会議員）、三井あき子（民主党道議会議員）、吉井透（公明党道議会議員）笠木かおる（旭川市議会日中友好促進議員連盟会長）、加藤紘一（日中友好協会会長）、青木雅典（北海道日中友好協会会長）、○島○二（同事務局長）、瀧野喜市（旭川ハルピン友好協会会長）、瀧野京子（同副会長）、大原雅樹（撫順の奇跡を受け継ぐ会北海道支部長）、○間○太（東神楽町）、小田桐仁史（平和フォーラム旭川地区連絡会議長）、土手修（JR北海道労組旭川地本執行委員長）ほか同関係者四名。

兼子豊博（旭川九条連代表）ほか九条の会関係者二名。高山徹（北教組旭川支部書記長）、大坊浩嗣（立正佼成会旭川協会中央支部）ほか同関係者一名。鳴海良司（旭川日中友好協会会長）ほか同関係者一二名。外山弘美（中国人強制連行事件殉難烈士慰霊碑管理委員会　東和土地改良区理事長）以上。

与党自民党の今津寛衆議院議員が参加していることに注目してもらいたい。与党国会議員がこのような催しに参加するということは、ありもしなかった〝中国人強制連行・強制労働〟を認めるということで、今後この問題でますます増えると思われる日本企業を相手取った訴訟と、これと引き換えに安倍政権に外交的譲歩を迫る中国政府を利することに他ならない。

今津氏は与党自民党の国会議員であるにもかかわらず、鈴木宗男氏に踊らされて〝アイヌ民族を先住民族とすることを求める決議〟の先頭にたって我が国の名誉を貶めたり、今年（平成二十六）、旭川市で行われた建国記念日には来賓として出席し、ソ連による抑留者を〝捕虜〟

と呼んであたかも終戦時に日ソが交戦状態であったかのような、つまり抑留を正当化するような発言をしたりと、あまりにも与党国会議員としての自覚に欠ける言動が目立つ。今後の言動で安倍政権の足を引っ張らないよう心がけることを切に望む。

二　東川町朝鮮人強制動員感謝の碑

平成二十四年六月二十一日北海道新聞で東川町《ひがしかわ》における、「朝鮮人強制動員感謝の碑建立へ」の記事を見た私は早速東川町役場に電話を入れて総務課に詳細を問い合わせたが、納得できる回答は得られなかった。そこで私の患者である町民から町内事情を聞き、協力が得られそうな町議会議員数名に手紙とこの問題に関する参考資料を添えて、質問と問題解決に関する協力要請を行なった。

以下はその内容である。

（一）町議会議員に対する質問と資料

○○○○　先生

盛夏の候、貴下益々ご健勝のこととお慶び申し上げます。

先日は突然早朝よりの電話をさしあげまことに失礼いたしました。

私は、医療法人健光会旭川ペインクリニック病院理事長の的場光昭という医師で、出自は愛別町の開拓農民四代目、生年月日は昭和二十九年六月十九日（これとて田植えさなかの忙しい時期に生まれたため届けが遅れてやむなくこの日になった）、満５８歳です。

最近の北海道新聞の報道や国の政策、町村の動きには、北海道を苦労して開拓した父祖の名誉を著しく傷つけるものが散見され、可能なものについては地元誌「北海道経済」や月刊誌「正論」誌上などで、さらには著書を通じて反論してまいりました。

御町との関連では妻の祖父母が東川の開拓農民であり、私自身は〝北海道立東川高等学校の構想づくり推進検討会議〟のメンバーを仰せつかっております。

さてこのたび、北海道新聞6月21日朝刊に紹介された22ページ〝朝鮮人強制動員感謝の碑建立へ〟の記事と1ページ〝留学なら東川〟によって、先の推進検討会議での町側と○○学園○○○○校長の発言の意味がようやく理解できました。

同会の○○事務局長に確認したところによると、留学生を受け入れることによって町に一人当たり１００万円内外の補助金が入るとのことです。新聞記事を元に計算すると3年間で3億円が入る計算になります。

つまり生徒減に苦しむ○○学園（理事長○○建設社長）と、財政難に苦しむ町、そして何としても日本政府を歴史問題で凹ませたい中国・韓国および町内の反日勢力の利害が一致するのです。

しかし私たちは父祖の名誉を傷つけてまで利害に走るような浅ましいことをしてはいけないと思います。ましてや今回韓国政府機関と歴史の検証にあたったのは、〝東川9条の会〟

と〝江卸発電所・忠別遊水池朝鮮人強制連行・動員の歴史を掘る会〟という反日思想家の集団です。このような何の権威も認められない調査に基づいて町が〝朝鮮人強制動員感謝の碑〟などを建立することは末代まで禍根を残すことになります。

因みに〝朝鮮人強制連行〟関連の文献引用をいくつかあげますのでご参考ください。

日本による朝鮮の植民地支配は、一方的な押し付けか否かという評価の問題を差し置けば、他の国からの抗議を受けることなく成立した、国際法上も合法的な政治行為であることを忘れてはならない。「強制連行」は、昭和十三年の国家総動員法に基づく関係勅令によって、日本国籍を持つ者は、内地人であろうと、台湾人、朝鮮人であろうと等しく勤労動員された、そのことを言い換えているに過ぎない。ほとんどすべての近代国家が、兵役の義務化をシステムとして持っていたのと同様に、勤労動員も戦時体制下では法律的な強制力のもとでやっていることです（金）。

島田洋一・金田一尭・西岡力：『平壌に弾丸を撃ち続けた家族』「諸君！」2002.12.

内地に国民徴用令が施行されたのは39年7月のことであるが、朝鮮においては「自由募集」（39年9月～42年8月）の時期を経て、戦争末期の44年9月からのことである。戦争が長期化すると徴兵が拡大し、そうすると労働力不足が生じるから、それを補うために労働力の統制・

動員が強化される。国民徴用令の朝鮮における施行は内地や台湾に比べて遅れたが、それはやがて半島の朝鮮人にも適用され、その中には炭鉱や建設現場で重労働を強いられた朝鮮人も少なくなかったのである。……「強制連行」という言葉、だれが最初に用いたのかはよくわからないが、1965年に刊行された朴慶植氏の『朝鮮人強制連行の記録』（未来社）という本がその伝播に大きく貢献したことは記録されてよい。朴慶植氏は1922年、朝鮮の慶尚北道の生まれ。29年両親とともに渡日。東京朝鮮中・高等（高級）学校教員を経て、『朝鮮人強制連行の記録』を執筆したころは朝鮮大学校地理学部の教員であった。氏は当時の在日朝鮮人がそうであったように、北朝鮮を心のよりどころとする人間であり、朝鮮大学校の教員であったということは北の工作員であったことを意味する。

鄭大均：『岩波首脳、「世界」はいかにして金王朝の忠実なる使徒と化したか』「諸君！」2003.1.

これまで使われていた中学校の歴史教科書にはこう描かれていたという。「寝ているところを、警察と役場の職員に徴用令状を突きつけられ、手錠をかけられて連行された」（教育出版）。「町を歩いている者や、田んぼで仕事をしているものなど手当たりしだい、……そのままトラックに乗せて船まで送り、日本に連れてきた。徴用というが、人さらいですよ」（大阪書籍）。こういう話は、朴慶植編『朝鮮人強制連行の記録』（未来社）にのせられている金大植という人物の手記の引用だという。ところがこの人物が徴用されたのは昭和18年2月だが、「徴用」という強制力をもった戦時動員が行われたのは昭和19年9月以降のこと。大阪書籍の教科書に出てくる〝人さらい〟は「又聞き」として登場するのである。……これは鄭教授が指摘されていたことだが、強制連行という熟語は戦後になって編み出されたもので、1965年に出版された前記の『朝鮮人強制連行の記録』からだという。つまり左翼イデオロギーによる新造語であり、その言葉がイメージを生み出し、やがて（意図的に）独り歩きを始めたのである。……昭和15年を例にとると、戦時動員による日本への渡航者は五万三千人。しかし同じ年に朝鮮からの渡航者総数は三十八万五千人、つまり戦時動員以外に三十三万人が日本へやってきている。動員が「強制連行」であれば、むりやり日本に連行された人たちと、自分で旅費を払って出稼ぎにきた人たちは同じ船に乗り合わせたのか。……戦時動員（徴用）は朝鮮人だけを対象にしたのではない。日本人すべてが対象であり、朝鮮人も日本人も当時は同じ日本国民だった。

石井英夫：『蛙の遠めがね』「正論」2003.3.

実際は十九世紀以降の人口流出の最大原因は、李朝の農政、社会の崩壊にある。人々は両班と官吏、地主の苛斂誅求を避け、続々と満州やシベリアの沿海州へ、食（活路）を求めて流れ出て行ったのである。朝鮮の文献『統計交渉通商事務衙門日記』によると、高宗時代の一八九四年一月、ロシアから朝鮮人一、〇五八世帯を送還するとの通牒を受けたというし、同じく『日省録』には、一八九一年に平安道国境の九邑から十余万人もの人々が清国に不法越境したとある。……むしろこの「奴隷狩り」のイメージは、中国や朝鮮半島で日常的に発生している「人さらい」から導き出されたものではないか。金大中事件や北朝鮮による拉致事件は別としても、韓国では今でも誘拐事件は、年に一万件を超えることが珍しくない。中国などはそれ以上に婦女子誘拐が流行し、発生件数は年に数十万単位だ。幼児輸出では中国が韓国を抜き、今や世界トップだ。……「連行」どころか朝鮮人労働者は、厳しい渡航制限を破りながら、勝手に日本へ殺到していたのだ。日韓併合後、日本国民と見做された朝鮮人は、よりよい暮らしと職を求めて日本列島を目指した。そこで混乱を恐れる内務省警保局は、朝鮮人流入の阻止に躍起となり、渡航を規制した。……渡航制限に対して当時の民族紙『東亜日報』（一九二一年九月九日）などは社説で、「朝鮮人全体を無視し侮辱する悪法」だとして撤廃キャンペーンを張り、一九二四年九月には釜山港で制限即時撤廃を訴える五万人の市民集会が開かれている。

黄文雄：『誇り高き台湾少年工と「強制連行」どころか勝手に日本に殺到した朝鮮人との落差』「正論」2003.6.

私が初めて日本の反日メディアの歴史捏造に憤りを感じたのは、ちょうど皇太子殿下のご成婚と同じ日に、神奈川県大和市で行われた千四百人の台湾人少年工（戦時中、海軍工員として高座海軍工廠で戦闘機の生産にあたった十代の台湾人）関係者の大会に関する報道を見たときだった。つまり「戦時中、日本に強制連行された台湾人の大会」と報じたのである。実はこれに先立ち、韓国のメディアが「台湾の少年たちが強制連行された事実を発掘した」と報じており、それを受けてある反日的な日本人大学教授も、「強制労働させられた十二歳の台湾人少年が、息を引き取った」とのデッチ上げの「研究」をして騒いでいた。……そこで私が大会会場で、元少年工に当時の状況を尋ねたところ、「とんでもない！　何が強制連行だ。我々はみな筆記試験と身体検査に合格し、父母と校長先生の許可、同意を受けて日本に来たのだ」と憤り、そのうち「我々を中傷したメディアに、全員で抗議に行こう」という声すらあがった。……日本政府が止まることを知らない朝鮮人の内地流入を拒否し続け、朝鮮総督府が板ばさみになって苦悩したという記録以外、「強制連行」の証拠は出てこない。

黄文雄：『日本の植民地政策は間違っていなかった』「正論」2003.12.

外務省は昭和三十四年七月、在日朝鮮人の実態について調査した結果を発表しています。それによると、第二次大戦前の昭和十四年末、日本内地に居住していた朝鮮人は百万人でしたが、二十年の終戦直前には二百万人に増えました。増えた百万人のうち、七十万人は朝鮮半島から日本内地に職を求めて来た渡航者と出生による自然増加です。残り三十万人の大部分は鉱工業や土木工事などの募集に応じて自主的に契約した人たちで、国民徴用令（朝鮮半島では十九年九月から実施）による戦時徴用者はごく少数だったとしています。しかし、多くの歴史教科書では、この公式文書はほとんど参考にされず、朴慶植著『朝鮮人強制連行の記録』（未来社、昭和四十年初版）に依拠して書かれています。本誌四月号で藤岡信勝氏も指摘していますが、朴慶植なる人物は朝鮮総連（在日朝鮮人総連合会）が設立した朝鮮大学の教員で、昭和十四年以降、朝鮮半島から日本内地に渡ってきた朝鮮人のほとんどが「強制連行」だったと決め付けています。「朝鮮人強制連行」は、朝鮮総連系の学者の造語といっても過言ではありません。……外務省報告を補足しますと、昭和十四年以降、最初は「募集」という形態で朝鮮人労働者の移動が行われました。その後、戦争が激しくなるにつれて、十七年から朝鮮総督府が朝鮮半島の面（村）や邑（町）に人数を割り当てる「官斡旋」方式に切り替え、十九年から最も強制力のある国民徴用令に基づく「徴用」という形態に移行しました。国民徴用令は日本内地では、朝鮮半島より早い昭和十四年七月に施行されました。徴用は法律に基づく戦時勤労動員であり、それを「強制連行」とはいいません。

石川水穂：『サヨクを論破するための理論武装入門』「正論」2004.6.

また私の姉も長く道庁職員をしており、日ソ平和の船で樺太へ元住民を何度も案内していたのですが、二十年前には樺太在住の朝鮮人が「半島では食って行けなかった、飯が食いたかったら博多へ行けといわれて、博多へ来て飯は食えるようになったが金はたまらなかった。金がほしかったら北海道へ行け、もっとほしかったら樺太へ行けといわれた」と言っていたのが、最近会って見ると今度は「自分は強制連行された」とおなじ相手に平気で嘘を言うと呆れていました。

このように平気で嘘を言う中国（人）や韓国（人）を相手に、東川町の民間団体は手玉に取られ、それをまた町長が真に受けるということは大きな問題だと思います。

そこでこのたび私は月刊誌正論にこの問題を大きく取り上げてもらい、日本国（民）として東川町長のしようとしていることが正しいのか、国家レベルでの議論にしようと思っています。

お忙しい中とは存じますが、開拓農民の名誉を守るために、そして日本国の権益が、中韓のこのような地方きり崩しによって損なわれないようにぜひともご協力いただけますようお願いいたします。

なお、拙著三冊同封いたしますので御笑覧ください。

平成二十四年六月二十八日

医療法人健光会旭川ペインクリニック病院理事長　的場光昭

次に質問事項を提示するが、この時点でこの問題に対する私の調査が不十分なため的外れなものや事実誤認に基づく内容も含まれている。

お願いと質問事項

①東川線沿道道路敷地に「中国人強制連行烈士殉難の地」という棒杙が立っていますが、これは誰が何の資格で誰の許可を得ているのでしょうか。

②遊水公園内には中国人強制労働者の像が建てられていたり供養が行なわれているといいますが、主催者は町なのでしょうか。

③もし町であれば像の建立費用、供養の費用などの予算をお知らせください。

④中国人とはいっても当時多く日本に来た台湾人（朝鮮より早く内地とほぼ同時に徴用が開始された）や当時の満洲国から多く渡ってきた満洲人なのか、もし満洲人や台湾人であれば強制労働ということには全く当たりませんが調べることは可能でしょうか。

⑤患者さんである複数の町民（農家およびその出身者）は、今回の問題について非常に強い憤りを感じておりますが、いったい町長にこうした農家の人々の思いは伝わっているのでしょうか。

⑥たしかに、韓国や中国の観光客を誘致することは大事ですが歴史を捻じ曲げてまで中韓に媚びているとしか思えませんが、町議会議員の多くはいかがお考えなのでしょうか。

⑦町民の一人から、以前、町の広報で〝強制労働〟させられた韓国人を招いたところ彼が「仕事は辛かったが、帰って米と土地を買うことができた」という挨拶があったといいますが、その広報の写しはいただけるでしょうか。

⑧○○学園が存在することによって東川町は国から交付金をいくら貰っているのでしょうか。

⑨外国人を留学させることによって正確には一人当たり町にいくら補助金が入るのでしょうか。また補助金の正確な呼び名もお願いします。

⑩さらに、町は○○学園に学生一人当たりいくら補助をするのでしょうか。

⑪また、留学生本人にはいくら補助するのでしょうか。

⑫また今回の事例に対して、民間と韓国政府機関との調査と記事にありますが、町独自の検証作業は行なったのでしょうか。

⑬同じく〝中国人強制労働〟についても町独自の調査はおこなったのでしょうか。さらに先の棒杙や像を建立するにあたって、重大な外交問題ですので総務省や外務省の意見を聞いたのでしょうか。

⑭今回の〝感謝の碑〟についても総務省や外務省の意見を聞いたのでしょうか。

⑮今回の〝感謝の碑〟の場所・規模・予算についてはいかがでしょうか。

以上、可能な範囲で回答をお願いいたします。
当方でも、町史および関係者に当たって独自に調べたいと思いますが、予算および具体的金額に関しては、役場職員の口は堅く、町議会議員の調査をお願いするしか方法がありません。

（二）東川町への質問

町議会議員からの回答がないため、自分なりに参考資料を集めていたが、その後の石碑建立の動きが止まったように思えたので放置していたところ、平成二十四年十一月十四日北海道新聞朝刊二八頁に以下の記事が掲載された。

朝鮮人強制動員　官民で碑建立へ　来年1月に実行委
【東川、東神楽、旭川】上川管内東川町で13日、戦時下に多数の朝鮮人が動員され、過酷な労働のため死者も出た史実を後世に伝えようと、記念碑の建立実行委員会設立が決まった。同町が呼び掛け、隣接する東神楽町、旭川市も含めた農業、商工、住民、日韓友好団体が賛同。来年1月に発足する実行委には1市2町の首長も委員に連なる。自治体と民間が協力した強制動員の朝鮮人の碑建立は全国でも例がない。

東川では、1939（昭和14年）からの旧江卸《えおろし》発電所建設に千人規模の朝鮮人が動員されたことが90年代に判明。その後、町民団体が町や韓国政府機関と調査し、1市2町にまたがる忠別川遊水池建設への多数の動員も分った。

町役場で開かれた設立準備会には1市2町の12団体14人が参加。松岡市郎町長が「過去に学び過ちを繰り返さないため、史実を伝え平和を祈る碑を建立したい」と訴えた。「（竹島問題が注目される中）波紋をよばないか」と危惧する意見もでたが、「事実に基づく碑建立を政治的に利用させない」などの意見が大勢だった。

東川では中国人338人が連行され88人が死亡、72年に慰霊碑が建立されているが、朝鮮人関連は手つかずだった。全国組織の朝鮮人強制連行真相調査団の洪祥進《ホンサンジン》事務局長は「民間団体による（朝鮮人の）碑は各地にあるが、官民協力しての建立は聞いたことがない。英断だ」と話している。

町議会議員を通じて町長に何らかの働きかけがあったものと思って安心し、資料の収集整理を怠っていたことを今更後悔しても始まらない。東川町に問い合わせたところ一市二町の首長と農協、商工会議所などが発起人になっているという。もはや一個人の力の及ぶ問題ではないと判断して、知り合いの月刊誌「正論」の編集者に電話を入れたが、社として協力できる体制ではないとの回答であった。

とにかく時間稼ぎをしなければならない。

さらに具体的な質問事項を列挙して同町の窓口である総務課に送り、情報収集と対策への時間稼ぎを行なった。質問内容には町民や旭川市議会議員から寄せられた情報ですでに私が知っているものや、明らかに的外れな内容も含まれているが、半ば以上時間稼ぎが目的であり担当部署には気の毒ではあったが、敢えて質問に盛り込んだ。

議員への質問と重複する部分もあるが一部内容も異なるのでこれを厭《いと》わず掲載する。合わせて議員に送ったものと同じ資料も同封した。

東川町総務課　〇〇様

お願いと質問事項

①東川線沿道道路敷地に「中国人強制連行烈士殉難の地」や「中国人強制連行跡地」という棒杙が立っていますが、これは誰が何の資格で誰の許可を得ているのでしょうか。

②遊水公園内には中国人強制労働者の像が建てられていたり供養が行なわれているといいますが、主催者は町なのでしょうか。

③もし町であれば像の建立費用、供養の費用などの予算をお知らせください。

④〝望郷〟の像の碑文をお知らせください。

⑤中国人については外務省資料から、八路軍捕虜・土匪・囚人と判明しますが、このこ

とについて議会で審議されたのでしょうか。
⑥患者さんである複数の町民（農家およびその出身者）は、今回の問題について非常に強い憤りを感じておりますが、いったい町長にこうした農家の人々の思いは伝わっているのでしょうか。
⑦たしかに、韓国や中国の観光客を誘致することは大事ですが歴史を捻じ曲げてまで中韓に媚びているとしか思えませんが、町議会議員の多くはいかがお考えなのでしょうか。
⑧町民の一人から、以前、町の広報で〝強制労働〟させられた韓国人を招いたところ彼が「仕事は辛かったが、帰って米と土地を買うことができた」という挨拶があったといいますが、その広報の写しはいただけるでしょうか。広報に直接記載が無くてもあるいは、町民が会に出席して聞いたのかも知れませんが、その挨拶の全文はいただけるでしょうか。
⑨〇〇学園が存在することによって東川町は国から学校交付金をいくら貰っているのでしょうか。
⑩〇〇人を留学させることによって正確には一人当たり町にいくら補助金が入るのでしょうか。また補助金の正確な呼び名もお願いします。
⑪〇〇学園の外国人留学生に対しては国から奨学金がいくら出るのでしょうか。

⑫さらに、町は○○学園に学生一人当たりいくら補助をするのでしょうか。
⑬また、町は留学生本人にはいくら補助するのでしょうか。
⑭また今回の事例（朝鮮人強制動員感謝の碑）に対して、民間と韓国政府機関との調査と記事にありますが、町独自の検証作業は行なったのでしょうか。
民間とは〝東川9条の会〟、〝江卸発電所・忠別遊水池朝鮮人強制連行・動員の歴史を掘る会〟のことでしょうか。

この二つの団体の構成メンバー、少なくとも代表者および役員の名前をお知らせください。町がその調査結果を公的に認めた以上、どういう団体かを公にする義務があります。
⑮同じく〝中国人強制労働〟についても町独自の調査はおこなったのでしょうか。さらに先の棒杙や像を建立するにあたって、重大な外交問題ですので総務省や外務省の意見を聞いたのでしょうか。
⑯今回の〝感謝の碑〟についても総務省や外務省の意見を聞いたのでしょうか。
⑰今回の〝感謝の碑〟の場所・規模・予算についてはいかがでしょうか。
⑱昨年二人の朝鮮人およびその家族を招いた際の町の予算額をお知らせください。道は50％出費と聞いておりますので道民の一人として知る権利があります。
以上、可能な範囲で回答をお願いいたします。

（的場注　文中の○には実際の文字が入るが、個人名や特定の団体名の公表は敢えて必要性を感じないので伏字とした）

（三）三首長への質問とその回答

前年六月以来、特に十二月以降の東川町をはじめ関係者に対する私の執拗な質問や情報公開の要求の甲斐があってか、〝朝鮮人強制労働感謝の碑〟建設実行委員会は年明け早々に一旦白紙となった。

これを踏まえて、さらに念のために実行委員に名を連ねる東川町長・東神楽町長・旭川市長に質問状を送付した。文言の違いは多少あるが東神楽町・旭川市両首長への質問はほぼ同様なので省略する。

質問状

東川町長　松岡市郎　様

平成二十五年一月二十四日
医療法人健光会旭川ペインクリニック病院
理事長　的場　光昭

向春の候、貴殿におかれましては益々ご健勝のこととお慶び申し上げます。

また、過日、突然にお問い合わせした質問内容に関して、ご懇意なる回答をいただき、まことにありがとうございました。

全国誌「正論」に投稿予定の原稿を送りますが、これによって〝中国人〟および〝朝鮮人〟の強制連行に対する貴殿の認識が多少なりとも改まるものと期待しております。

この上は、拙文を読まれた上で、いくつかご回答いただきたい案件があります。

①「実行委員会設立について、実行委員会代表等と協議の結果、団体・組織での実行委員会編成を一旦白紙に戻すこととしました」との回答ですが、松岡町長自身は発起人を辞退したのでしょうか。

②〝中国人烈士〟の棒杭や案内板について〝中国人俘虜〟と書き換える必要を感じておられるかどうか。

③〝望郷〟の銅像および碑文について、銅像の撤去もしくは碑文の書き換えの必要を感じておられるかどうか。

④朝鮮人労働者について東川町として今後も「強制」の文字を使用するのかどうか。
⑤中国人俘虜・朝鮮人労働者の外務省の公式見解と〝掘る会〟および韓国政府筋の見解のどちらを尊重するのか。

以上五点について今月末日までの回答を求めます。

なお、期日までに回答なきばあいには、道新報道およびこれまでの経緯を勘案して拙文の結論*を書く所存で、さらに、この論文を添えて、安倍内閣に政治裁量である東川町に対する特別交付税の減額を強く求める運動を展開します。

＊注　以下に掲載した月刊誌「正論」に掲載された拙稿のこと。

これに関する三首長の回答は期日までに寄せられた。

質問①に関しては松岡東川町長「白紙」という以外に言及はなかった。東神楽町長は「発起人にならない」という明確な回答、旭川市長からは「現在関わっていない」という回答を得た。質問②③に関して東川町長は書き換えや撤去は考えていないという回答であり、東神楽・旭川市の両首長は「他町」のことなので言及しないという回答であった。質問④については いずれも検討、同⑤に関しては三首長共に政府見解に従うという回答であった。しかし、東川町長は東川には他地域と異なる事実があるので、一連の町の行動が政府見解に反するとは考えていないという居直りともとれる回答であった。

（四）三首長へ送った参考資料

三首長の質問状には月刊誌「正論」に投稿予定の拙稿を参考資料として添付した。もちろん紙幅の関係で内容のすべてが掲載されるものとは考えてはいなかったが、三首長への歴史教育という意味も含めて、多くの資料とともに長々と説明や証言を加えたものである。第一章と多くの部分が重複するため、ここでは実際に送付した参考資料ではなく、上記質問に対する三首長の回答を踏まえたうえで書き上げた論考をまとめた月刊誌「正論」(2013.4) 掲載論文（２４２～２４９頁）を紹介する。なお一部前掲内容と重複するが、文章の理解に必要と思われるため敢えて省略しない。

☆奇々怪々…北の大地に建つ〝売国の碑〟

「中国人強制連行殉難の地」の次は「朝鮮人強制動員感謝の碑」⁉

全国で相次ぐ反日記念碑への公費助成を阻止せよ

最近、一部保守派の間で話題になっていることに、金沢市に開設予定の反日テロリスト記念館問題がある。韓国ＫＢＳニュースが伝えたところによると、金沢市の在日本大韓民国民団（民団）石川県地方本部の建物内に今春、「尹奉吉義士記念館」が開設されるというのだ。

尹奉吉は八十年前の昭和七年四月二十九日、上海で開かれていた天長節祝賀式典に爆弾を投げ込み、上海派遣軍司令官白川義則大将と一般日本人を殺害したほか重光葵公使ら複数を負傷させたテロリストである。金沢市に連行されて処刑されたが、それから六十年後の平成四年、金沢市が無償で提供した土地に「尹奉吉義士殉国碑」が建てられた上、今、新たに記念館が開設されようとしているのだ。しかもこの記念館開設には、金沢市長（＊注）らも賛同しているという。

日本人十人が犠牲になったアルジェリアの人質事件をみるまでもなく、今、テロリストの撲滅こそが世界の重要課題である。そんな最中、テロリストを称える「殉国碑」が公用地にあり、近く記念館まで開設されるという事態に、金沢市長は、市議会議員は、地元マスコミは、何も感じないのであろうか。

だが、残念ながらこの手の反日記念碑は全国各地に建てられ、今も増え続けている。私の住む北海道も例外ではない。

（＊注：本稿掲載後、金沢市の「教育を考える石川県民の会」会長、諸橋茂一氏より著者に連絡があり、尹奉吉義士殉国碑をつくらせたのは山出保前市長で、現金沢市長である山野之義氏は市議会議員時代から同会顧問として、この建立に対して強く抗議をしてきたという旨、連絡があり、正論「編集者へ　編集者

から」において諸橋氏の投稿をお願いし、同誌6月号に掲載され、読者の誤解がないように対応した）

中国…捕虜と囚人を「強制連行」!?

旭川市から大雪山国立公園旭日岳へ向かう幹線道路の雄大名景観も、道が東川町に入ると、冷や水を浴びせられたような気分になる。「中国人強制連行跡地」「中国人殉難烈士」などと書かれた木柱や「中国人殉難烈士慰霊碑」の案内板が堂々と立ち、見る者を萎えさせるのだ。

この案内板にしたがって大雪遊水公園まで足を伸ばすと、そこには、四百九十八万円もの町費を投じて造られた人民服姿の銅像「望郷」が、日本語・中国語・英語の三ヶ国語の碑文とともに立っている。碑文の一部を紹介しよう。

遊水池建設にあたり、労働力不足を補うために1994年（昭和19年）9月に338名の中国人が強制連行され、劣悪な環境の下で過酷な労働が強要された。そして終戦までの僅か11カ月余りの間に88名もの方々を死に至らしめたのである。その大部分は若人であり、異国の地で故郷の父母や親族のことを瞼にえがきながら斃れていった。その無念さを思うとき、私達は、慚悸の念を禁じえない。

私達は、この歴史的事実を後世に伝えなお一層の日中友好の発展と永遠の世界平和を願うものである。ここに遊水池が大雪遊水公園として改修、完成したのを記念して、88名の中国烈士の御霊に深甚なる祈りを込めてこの像を建立する。

２０００年（平成12年）７月７日　東川町長　山田孝夫

一般の中国人が「強制連行」され、酷使されて死亡したのであれば、その「歴史的事実」は我が国の負の遺産として「後世に伝え」なければならない。だが、外務省の公式資料「華人労務者就労事情調査報告書」を詳細にみると、東川町へ「強制連行」されたのは華北労工協会扱いによる「訓練生」である。ここでいう「訓練生」とは八路軍（共産党軍）の捕虜・帰順兵・土匪（武装盗賊団）・囚人である。東川の町史等にも「華人捕虜」「中国人俘虜」と明記されている。

戦時捕虜や帰順兵はもちろん犯罪集団や囚人を強制労働させることは当時としては何等国際法上問題ではない。また三三八名中八八名の死亡率（二六％）についても、第二次大戦中の各国の捕虜死亡率は英米を除いて三〇％内外が平均値であり、特に高いという数値ではない。

東川町に残るこのような「歴史的事実」をはっきりと後世に残すべく、碑文に刻まれた「88名の中国烈士」は即刻「88名の捕虜および囚人」と書き改められなければならない。同時に、米国は太平洋戦線では捕虜をとらない方針で投降兵を射殺した事実、日本兵や民間人が中国兵に捕まった場合は生きながらにして皮を剥がれたり目を刳り抜かれたり、女性の場合は強姦されたうえ陰部に箒の柄を突き刺されたりという悲惨極まりない殺され方をした「歴史的事実」も、後世に伝えるべきである。

韓国…自由募集も「強制動員」⁉

この東川町で今、より反日的な売国記念碑が新たに建てられようとしている。平成二十四年十一月十四日の北海道新聞の記事を紹介しよう。

朝鮮人強制動員　官民で碑建立へ　来年1月に実行委

【東川、東神楽、旭川】上川管内東川町で13日、戦時下に多数の朝鮮人が動員され、過酷な労働のため死者も出た史実を後世に伝えようと、記念碑の建立実行委員会設立が決まった。同町が呼び掛け、隣接する東神楽町、旭川市も含めた農業、商工、住民、日韓友好団体が賛同。来年1月に発足する実行委には1市2町の首長も委員に連なる。自治体と民間が協力した強制動員の朝鮮人の碑建立は全国でも例がない。

東川では、1939（昭和14年）からの旧江卸発電所建設に千人規模の朝鮮人が動員されたことが90年代に判明。その後、町民団体が町や韓国政府機関と調査し、1市2町にまたがる忠別川遊水池建設への多数の動員も分った。

町役場で開かれた設立準備会には1市2町の12団体14人が参加。松岡市郎町長が「過去に学び過ちを繰り返さないため、史実を伝え平和を祈る碑を建立したい」と訴えた。「（竹島問題が注目される中）波紋をよばないか」と危惧する意見もでたが、「事実に基づく碑建立を政治的に利用させない」などの意見が大勢だった。

東川では中国人338人が連行され88人が死亡、72年に慰霊碑が建立されているが、朝鮮人関連は手つかずだった。全国組織の朝鮮人強制連行真相調査団の洪祥進《ホンサンジン》事務局長は「民間団体による（朝鮮人の）碑は各地にあるが、官民協力しての建立は聞いたことがない。英断だ」と話している。

本題に入る前に三つのことを確認しておきたい。

第一に日本による朝鮮の併合は、国際法上合法的な政治行為であった。

第二にいわゆる「強制連行」あるいは「強制動員」は、昭和十三年の国家総動員法に基づく関係勅令によって、翌年から日本国籍を持つ者は、内地人であろうと、台湾人、朝鮮人（朝鮮半島は昭和十九年九月から）であろうと等しく勤労動員の義務を負った。

第三に「強制連行」という言葉を有名にしたのは一九六五年朝鮮大学校教員の朴慶植氏の『朝鮮人強制連行の記録』（未来社）という本だが、周知のように朝鮮大学校は、朝鮮総連はもちろん北朝鮮からの直接支援を受けている対日工作出先機関としての一翼を担っている。

ちなみに新聞報道によると、この問題の調査にあたったのは、韓国政府機関と「江卸発電所・忠別遊水池朝鮮人強制連行・動員の歴史を掘る会」（以下掘る会）という反日思想家の集団である。掘る会の代表は東川9条の会にも所属している。掘る会の調査については平成二十四年六月二十一日、東川町議会で以下のようなやりとりがあった。

質問（高橋昭典議員）「（町は掘る会と協力して）平成22年に韓国に職員を派遣し、生存者2人の男性から聞き取りを行ないました。昨年（23年）8月には町の補助を受け、生存者の方やご家族を招き、体験を語る町民集会が開かれました。強制動員問題は過去に戦後補償を求める訴訟も相次ぎ、政治問題化してきました。東川町が民間と協力し、積極的に調査するのは全国的にも初めての試みです（後略）」

町長答弁「強制動員の表現の仕方が、適切な言葉が見当たらないのです。拉致されるような本当に強制的なものがあったかについては、よく解りません」

町長自身が「よく解りません」などと答弁している不確かなものに、しかも我が国においては何の公的根拠や権威も認められない調査に基づき、町が「朝鮮人強制動員感謝の碑」などを建立することは末代まで禍根を残すことになろう。また、生存者や家族を招いて行われた「体験を語る町民集会」に東川町は百五万円を出費しているが、特定の政治思想をもつ集団の催しにこのような支出は問題である。

しかも招かれた一人は「１９４３年から終戦まで」東川町の遊水地建設に動員されたとしている。また先の北海道新聞の記事にも「東川では、１９３９（昭和14年）からの旧江卸発電所建設に千人規模の朝鮮人が動員された」とあるが、この時期に朝鮮からの「強制連行」はなかった。以下、時系列をはっきりさせるために西暦で記述する。

先述したように内地に国民徴用令が施行されたのは一九三九年七月だが、朝鮮においては「自由募集」（一九三九年九月）の時期を経て、戦争末期の一九四四年九月からのことである。つまり招かれた一人と旧江卸発電所建設に来た千人規模の朝鮮人は自由募集で半島から渡ってきた出稼ぎ労働者であったのだ。ちなみに重労働に従事した出稼ぎ朝鮮人労働者の月収は、当時陸軍下士官の給与が二〇円～七五円だったのに対して、一五〇～一八〇円だったともいわれている。

検証もせずに反日助成

これに関連して北海道サハリン友好協会の世話役として「サハリン平和交流の船」で何度も樺太を訪れた元道庁職員の平成二十二年の証言を紹介しておこう。

二十年ほど前、樺太へ行った時に会った朝鮮人がいうには、「戦前、朝鮮では飯が食えなかった。飯が食いたかったら博多へ行けといわれて、博多へ来た。博多では飯は食えたが贅沢ができなかった。贅沢したかったら樺太へ行けといわれて樺太へ来て生活が楽になった」といっていたのが、最近行った時に彼は同じ私に向かって「自分は戦前朝鮮半島から強制連行されて来た。日本政府は補償せよ」というのだから、呆れてしまう。

前出「町民集会」に参加した東川町在住の知人（六〇歳）によれば、〝強制連行〟の生存者は「仕事はつらかったけれども、おかげで半島に帰って米も買ったし土地も買えた」などと挨拶したという。この事に関して東川町に質問状を出すと、以下のような回答が返ってきた。

「韓国人を招いた民間団体『江卸発電所・忠別川遊水池朝鮮人強制連行・動員の歴史を掘る会』がビデオ撮影した記録をまとめた『朝鮮半島と東川の歴史を語る会　発言記録集』がありますが、指摘されるような発言はありません」

「同会（掘る会）によると、ふたりが金銭等について『1日2円の賃金と聞かされていた。働いたおかねは積み立ててあると説明を受けた。しかし、実際には衣服代、履物代、食事代などと天引きされて一銭ももらえなかった。強制帰国されたとき、付き添ってきた朝鮮籍の人から故郷へ帰る旅費だけ受け取った』―おおむね、このような発言です」

つまりこの問題に対して町は独自の検証を行なわず、掘る会が編集したビデオをもとに回答しているだけなのだ。

ちなみにこの「付き添ってきた朝鮮籍の人」については慰安婦同様、自由募集に際しても朝鮮人斡旋業者がいたことをうかがわせるものである。朝鮮半島では戦後になってからも「UN軍相對慰安婦」募集記事が新聞に掲載されており、戦前はこうした斡旋業者が労働者を集め、その稼ぎをピンハネしていたことは想像に難くはない。

在日朝鮮人の実態をめぐる昭和三十四年七月公表の外務省調査によると、第二次大戦前の昭和十四年末、日本内地に居住していた朝鮮人は百万人だったが、二十年の終戦直前には二百万人に増えている。増えた百万人のうち、七十万人は朝鮮半島から日本内地に職を求めて来た渡航者と出生による自然増加であり、残り三十万人の大部分は鉱工業や土木工事などの募集に応じて自主的に契約した人たちである。強制を伴う国民徴用令による戦時徴用者、すなわち掘る会などがいうところの強制連行は「三五〇一六名」に過ぎない。

過疎化で跋扈する反日勢力

中国の「強制連行」に対しては、その対象者が町史などに「華人捕虜」や「中国人俘虜」と明記されているのに「殉難烈士」などと持ち上げ、主幹道路沿いに看板を立てたり、多額の税金で国賊的銅像を建てたりする。そして韓国の「強制連行」に対しては、自由募集の朝鮮人労働者も「強制動員」されたことにして反日記念碑を建てようとしている。しかもこの碑の建立実行委員会発起人には、松岡市郎東川町長をはじめ西川将人旭川市長そして山本進東神楽町長が名を連ね、さらには地元の農協や商工会議所代表が名を連ねている。

この暴挙を許してはならないと、私は昨年秋から東川町などに繰り返し質問状を送り、反日記念碑の建立に自治体が関与することが妥当かどうか、厳しく追及してきた。一民間人のささやかな抵抗ではあるが、結果として、町側から「実行委員会設立について、実行委員会代表等と協議の結果、団体・組織での実行委員会編成を一旦白紙に戻すこととしました」との返答を得た。

この「白紙に戻す」についてさらに三首長に質したところ、東神楽町長からは「発起人にならない」という明確な回答があったものの、旭川市長は「協議には参加しておらず、東川町からその結果を伝えられたものであり、それ以上のことについては承知しておらず、現在、関わりをもっている状況ではございません」という曖昧なものであった。さらに東川町長にいたっては発起人を辞退しない上、「外務省の公式見解と〝掘る会〟および韓国政府筋の見解のどちらを尊重するのか」という私の再質問に対して以下のような回答を寄せてきた。

政府の見解は尊重されなければなりません。地域が歩んできたおよそ120年の歴史の中で事実を伝える碑を予定しているものです。地域経済発展の源の一つとなっている水力発電所の隧道掘削工事や遊水地《ママ》造成（水温上昇施設）に終戦間際の食糧難で労働不足の中、朝鮮人などが過酷な労働に係わった事実を後世に伝え、戦争という不幸が二度と起きないように警鐘とするのも、飲水資源の考え方です。このことは何も政府の見解に反した行動とは全く考えておりません。私たちの地域には他の地域とは異なる歴史の一つの事実があるということです。

つまり〝朝鮮人強制動員感謝の碑〟建立自体が白紙になったわけではなく、建設に向けて開き直りとも思える回答を寄せてきた。大雪遊水公園の国賊的銅像「望郷」の撤去および碑文変更などについては検討すらしないという。

なぜ、東川町長らは強引に反日記念碑を建てようとするのか。そしてなぜ、それを地元の農協や商工会議所が後押しするのか。

背景には、少子高齢化と過疎化が進む地方特有の悩みがある。中国や韓国の歓心を買い、無理矢理にでも観光客や留学生を引っ張ってこなければ、町の経済や生活が成り立たないのだ。

特に農業従事者の高齢化が進んだ結果、旭川市および周辺町村の農家では、研修生という名目の出稼ぎ中国人ぬきには農業が立ち行かないという状況も出現している。しかもこの若者たちには月に十五万円ほどが支払われているが、実際には仲介業者にピンハネされて五万円ほどしか受け取れないという。仕事場に持ち込む彼らの昼食があまりにも粗末なのを見かねて一緒に働く農家の主婦が自分のおかずを与えたところ、仲介業者に「贅沢を覚えさせてはならない、食べ物を与えないでくれ」と言われたこともあるという。こうした若者たちが数十年後、日本へ「強制連行された」「劣悪な環境の下で苛酷な労働が強要された」と騒ぎ出さないとも限らない。

また東川町では町内にある専門学校が少子化で定員が埋まらず、九州にある斡旋業者を介して中国や韓国の若者を積極的に文部科学省の奨学金留学生として受け入れている（＊）。今年度は百人規模での受け入れを予定していたようであるが、尖閣・竹島問題で留学生募集が頓挫していると報道されていた。

このほか尖閣・竹島問題で旭川市およびその周辺の温泉施設への中国人・韓国人観光客の激減も地域経済に大きな影響を与えている。

こうした経済的状況が、旭川市・東川町・東神楽町の三首長をはじめ農協や商工団体代表が〝強制動員の朝鮮人の碑〟の実行委員に名を連ねた大きな理由であろう。

売国記念碑を阻止せよ

今回の衆議院選挙では〝一票の格差〟に対し最高裁が〝違憲状態〟と判断した中で行われたことが問題になったが、ことの本質が見誤られている。つまり最高裁が一票の格差を違憲と判断せざるを得ないほど、都市部への人口集中と地方の過疎化を促した政策こそが違憲なのだ。

農業にしても大規模経営を促進する補助金政策によって小規模農家は立ち行かなくなり離農せざるを得ない。結果として集落が崩壊しこれに付随する地域の産業も衰退し、これがさらに過疎化を進行させるという悪循環が起っている。

経済ばかりではなく北海道の地方都市では、医療や教育の崩壊がさらに過疎化に拍車をかける。

医療に関していえば若い医師たちは必ずしも地方勤務を嫌ってはいない。それどころかのびのびとした環境で子育てをしたいと望んでいる者もいる。しかし、地方と都市部の教育格差が余りにも大きくなりすぎて、地方ではまともな子供の教育ができないことが大きな原因となっている。特に北海道では長年続く北海道教育委員会と北海道教職員組合との馴れ合い人事によって学校教育が崩壊に瀕している（詳しくは拙著『アイヌ先住民族　その不都合な真実20』を参照）。

地方勤務を医師が拒否することによって地方の医療は崩壊し、さらに定年退職者は老後の健康に不安を感じて都市部へと移住する。これがさらに地域の産業を崩壊させますます過疎化は進行するのだ。

こうした地方の人口減少・過疎化が反日勢力に付け入る隙を与えている大きな要因なので

ある。

もっとも、だからといって売国記念碑の建設が許されていいはずがない。むしろ各地で増え続ける売国記念碑に反対し、撤去する運動を進めることこそ、郷土への愛着を呼び戻し、過疎化に歯止めをかける一歩だと考える。

また政府はこうした我が国の歴史や外務省公式見解に反する売国記念碑を建てる地方自治体に会計検査院を派遣して精査し、政策的配慮が可能な特別交付税を減額するなどの措置を取るべきである。

＊注　このことに関する東川町への質問の後、この業者はホームページから東川町での実績を紹介した記事を削除している。

三　〝朝鮮人強制労働者〟の墓や遺骨も捏造
―美瑛町のニセ人骨・ニセ墓穴事件―

東川町での〝朝鮮人強制連行感謝の碑〟計画が頓挫したことを受けて〝強制連行・強制労働を考える北海道フォーラム〟（共同代表殿平善彦深川一乗寺住職・蔡鴻哲朝鮮総連道本部副委員長）は朝鮮人強制連行の新事実を発掘するために美瑛町の共同墓地発掘を計画したと思われる。

この章では発掘の参加者やこれを取材した記者（道新ではない）の証言や録音テープを元に、北海道新聞が報じた記事を検証する。

（一）美瑛町の発掘を伝える北海道新聞関連記事

平成二十五年六月五日

旧江卸発電所建設に強制動員

朝鮮人遺骨　美瑛で調査

市民団体など8月に発掘計画

【美瑛、東川】戦争中に東川町の旧江卸発電所建設現場で働かされていた朝鮮人労働者の遺骨が、美瑛町忠別の旧共同墓地周辺に埋まっている可能性があることから、市民団体などが4日、現地を調査した。8月には遺骨発掘調査を計画している。（立野理彦）

この日は「強制連行・強制労働を考える北海道フォーラム」の殿平善彦共同代表ら3人が、かつて忠別地区に住んでいた美瑛町内の70代男性と現地入り。この男性によると、共同墓地の外れに朝鮮人の遺体が埋められたものの、埋めるための穴が浅かったため、その後も棺おけの一部が見える状態で放置されていたという。

現地は墓の移転に伴い、樹木や雑草で覆われていたが、男性の証言に基づき、遺体が埋められたとみられる地点を絞った。今後は土地の所有者を特定した上で許可をとり、8月の発掘にこぎ着けたい考えだ。同フォーラムや東川町民でつくる「江卸《えおろし》発電所・忠別川遊水池朝鮮人強制連行・動員の歴史を掘る会」、旭川大・斎藤真宏准教授（異文化教育）のゼミなどは8月、現地で東アジアの若者たちによる共同発掘調査を計画している。掘る会によると、旧江卸発電所建設には千人規模の朝鮮人が強制動員されたとされる。

殿平共同代表は「東アジアの各国ではナショナリズムが必要以上に強調されている現状であるが、自分たちの手で冷静に歴史の事実を確かめることに意義がある」と話している。

朝日新聞　平成二十五年七月十二日　道内版

共同調査で日韓相互理解

朝鮮人労働者遺骨探し　東川拠点に来月18・19日
両国の学生ら約100人参加予定

戦時中、東川町の発電所建設現場で働かされ、亡くなった朝鮮人の遺骨を探す発掘調査が、8月18日から行われる。日韓の学生を交えた約100人が参加する予定で、主催者は「日韓の若者が共同作業に取り組むことで相互理解を深めたい」と話す。

東川町では戦時中、江卸発電所建設で800人、東神楽遊水池建設で1170人の朝鮮人が工事に従事させられ、当時の状況から強制労働だったとされる。

発掘作業は日本側から70人、韓国から学生を中心に約25人が参加し、8月18、19日の2日間、東川町との境界に近い美瑛町忠別の旧忠別墓地入り口付近の道路脇で行う。終戦前年の1944年に朝鮮人労働者1人の遺体が埋められたとの証言がある場所で、24年前に道路工事の最中に人骨らしきものを見たという目撃証言もある。

参加者らは発掘調査のほかにも、18～21日の四日間にわたって東川町に宿泊しながら、当時の朝鮮人の様子を知る住民の証言を聞いて回ったり、両国の若者同士で東アジアの平和のあり方を話し合ったりする共同ワークショップを行う。

韓国側からは人骨発掘に詳しい人類学者や遺骨受け取りの仲介役となってきた住職、著名な民衆歌手の鄭泰春さんらが参加する。

実施するのは深川市の住職で、1997年に幌加内町朱鞠内の遺骨発掘にもかかわった「強制連行・強制労働犠牲者を考える北海道フォーラム」共同代表の殿平善彦さん（67）や旭川大学准教授の斎藤真宏さん（40）らによる実行委員会。殿平さんは「遺骨を見つけて返還する目的とともに、日韓の若者たちが共同で取り組み合うことによって相互理解を深めることに意義がある」と話す。

一般の参加者も募っている。参加費は4日間通しの場合、食事込みで大人2万円、学生5千円になる予定。問い合わせは実行委（090・7519・9354）へ。（渡辺康人）

北海道新聞平成二十五年八月二十日

ここに眠る1人の朝鮮人　遺骨見つけたい
強制労働　美瑛で初調査
日韓130人「我々の使命」

【美瑛】戦時中の朝鮮人労働者の遺骨を発掘する「東アジアの平和のための共同ワークショップ」の発掘作業が19日、上川管内美瑛町忠別地区で始まった。

市民団体「強制連行・強制労働を考える北海道フォーラム」などでつくる実行委の主催。全国から集まった市民、在日朝鮮人、日韓の学生ら約130人が参加した。同様のワークショップは1997年から毎年開かれ、これまで同管内幌加内町や宗谷管内猿払村などで朝

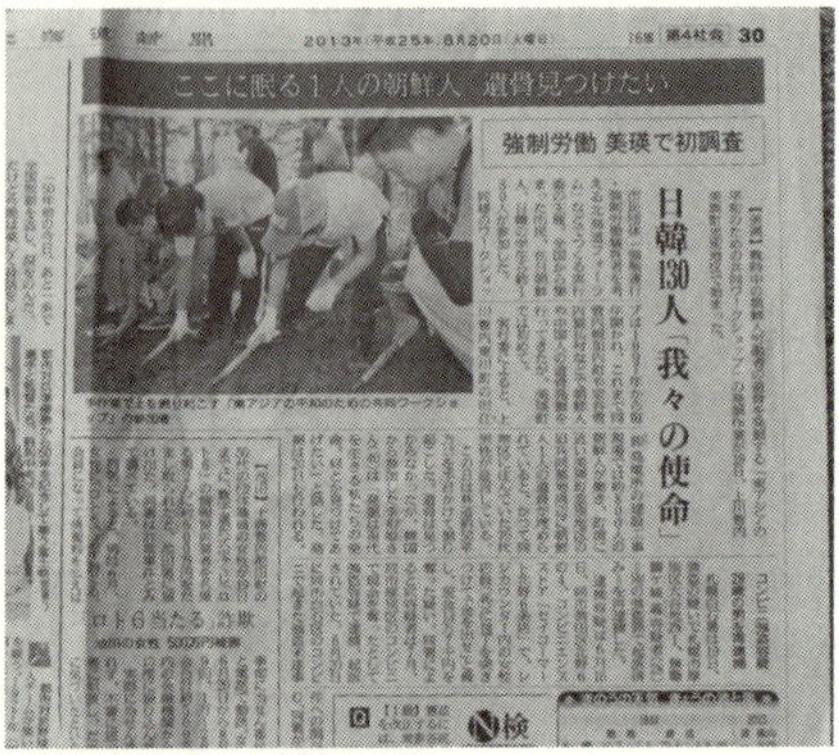
ここに眠る1人の朝鮮人　遺骨見つけたい
強制労働　美瑛で初調査
日韓130人「我々の使命」
ロト6当たる　詐欺

発掘を伝える道新記事

鮮人や中国人の遺骨発掘を行ってきたが、美瑛町では初めて。

実行委によると、上川管内東川町の旧江《え》卸《おろし》発電所の建設工事現場では約800人の朝鮮人が働き、町境に近い美瑛町忠別の共同墓地周辺に朝鮮人1人の遺骨が埋められていると、かつて同地区に住んでいた70代の男性が証言している。

この日は林道約50平方メートルを半日かけて掘り起した。遺骨は見つからなかったが、韓国から参加した李相姫《イサンヒ》さん(40)は「発掘は現代を生きる私たちの使命。何とか見つけてあげたい」と話した。発掘は20日も行われる。

平成二十五年八月二十一日（上川・旭川版）

棺の跡に祈りささげ
美瑛の強制労働調査終了
学生「身が引き締まる思い」

【美瑛、東神楽】戦時下の朝鮮人強制労働犠牲者の遺骨を発掘する「東アジアの平和のための共同ワークショップ」（強制連行・強制労働を考える北海道フォーラムなど実行委主催）は発掘最終日の20日、美瑛町忠別で犠牲者を埋葬したとみられる座棺の跡と、人骨の可能性がある白いかけらを見つけた。同日午後に東神楽町の聞名寺で報告会が行われ、参加者は強制労働に動員されて亡くなった人を追悼した。（菅野愛）

発掘は19日に続いて20日も行われ、重機で深く掘ったところ、周辺の土の色とは異なる黒い正方形が現れた。深さ50チセンから人骨と思われる1チセンほどのかけらが二つみつかると、韓国から参加した明盡《ミョンジン》さんらが供養した。発見場所はかつて忠別に住んでいた＊○○○さん（77）＝町内在住＝の証言通り、旧共同墓地の入り口に近い道の中央だった。

発掘に参加した大谷大（京都）の宋《ソン》基《キ》燦《チャン》助教は「人体など腐るものと接触すると土は黒くなる」と言い、白いかけらは人骨である可能性を示唆した。

北大文学部3年の○○○＊＊さんは「日本人として身が引き締まる思い」と複雑な心境を打ち明けるとともに「ワークショップは朝鮮半島と日本の関係を深く考えるきっかけになった」と話していた。

＊的場注　本名が記載されているが、以後ご本人の名誉が傷つくことも考えられるので伏せ字とする。

＊＊まだ若い学生でありご本人の将来を考えて伏せ字とした。

（二）2013夏アジアの平和のための共同ワークショップ

平成二十五年八月十八日、東川町永楽寺会館で行われたワークショップ一日目に行われた「東川遺骨発掘の証言を聞く（証言者：○○○）」の内容の一部を紹介する。

参加者

私の手元には一部の学生を除く、全員の参加者名とその職業・所属や経歴が書かれた名簿がある。

松岡市郎東川町長・真下紀子共産党道議会議員・小林千代美元民主党衆議院議員・道北勤医協関係者・元日本赤軍関係者・東川9条の会・パレスチナ連帯（元革マル）関係者・共産党員の弁護士や元教諭・宗教団体・北海道アイヌ協会札幌支部長・旭川アイヌ協議会・日本軍「慰安婦」問題の解決をめざす北海道の会、など様々な団体の名前が並んでいる。さらに三五の朝鮮名があり蔡鴻哲朝鮮総聯北海道本部副委員長をはじめとする北朝鮮関係者も数名含まれている。

また学校関係者では北海道大学文学部講師、同じく学生複数、元美深高校教諭の日共関係者、元滝川高校教諭、大谷大学准教授、旭川大学准教授、同じく学生、朝鮮大学校関係者、立命館大学関係者、浜松湖東高校教諭親子、京都大学関係者、北海道朝鮮学校学生、佛教大学関係者などである。

中には自衛隊駐屯地に不法侵入を試みた経歴のある在日朝鮮人や、韓国公安に北のスパイ容疑で家宅捜索された者まで含まれている。

朝鮮人強制連行問題・慰安婦問題・アイヌ問題・在日朝鮮人問題・脱原発・集団的自衛権反対などの活動が、地下水脈でつながっていることが関連名簿との照合でよくわかる。

ワークショップにおける○○○氏の証言

以下は「東川遺骨発掘の証言を聞く（証言者：○○○）」の録音筆記録である。著者の手元には全文があるが、個人が特定される可能性がある部分や不要な部分は割愛する。

発言内容

○○○と申します。昭和十年○月○日生まれで…。

それではこの遺体との関わりについてお話しします。実は私の弟が昭和二十年…ジフテリアですか、医者にもかけずに一晩で死んでしまって二十九日に葬式をやったわけなんですが。

その遺体を埋めに行ったら、通路、殆ど雪は消えていたんですが、その通路のど真ん中に土の山が見えたわけです。これはどうしたことだとよく見てみたら棺が一〇チセン位出てる。坐棺ですから大体六〇チセン角くらいですか、２月頃に埋めたらしいんですね。そして、雪を掘って、土を掘ってたが、掘るのを止めて、埋めたら雪が融けたたら、一〇《チセン》位棺がでたと。その棺の木を見たら昔の魚箱ですか、あれで作ってあったということで、あっ、これは朝鮮の遺体だということが確認できたわけです。…

ところが、八月くらいになりますと非常に遺体の傷みも激しく、一〇《チセン》位出た棺箱の間からギンバエがばぁっと出る訳なんですよ。

これではとても移動は不可能だと。少し気温が下がってそこらがしばれて来る頃になったら移動しましょうと、話はおいとった訳なんです。八月十五日に終戦になって、その話は無かったことになったということで、そのまんま、草の中に埋もれて、ずっとおって、ちょうど通路の真ん中ですから、私も何回か通っておりましたけれども、子どもなんかが行くと棺桶の蓋がごそおっと落ちたりなにかして、大騒ぎして、これはだめだと迂回道路を使っておった訳なんです。…

(三) 発掘根拠の証言は記憶違い

この証言を読んで私が先ず疑問に思ったことは、四月に地表に露出していた遺体から八月になってもギンバエが出るかということだ。そこで知り合いの法医学者に問い合わせた。彼は法医昆虫学の専門家で特に北海道のハエの生態に詳しく、積算温度とハエの種類、残存蛹や幼虫の大きさから身元不明死体の死亡推定時期を確定して捜査に貢献している。

以下は私の疑問に対する回答である。

屋外の地面上に死体があった場合は、夏にならなくても死体は4月中旬ころからクロバエ科クロバエ属のオオクロバエなどによってどんどん食べられます。1カ月もすれば死体は食べつくされて、一部白骨、一部ミイラ化やシロウ化してしまいます。

もし4月に埋葬して、埋め方が浅くて、ハエが侵入して死体に産卵できるような状況であれば、4か月後の8月にはギンバエ（クロバエ科キンバエ属）は集まるような状況ではないと思います。

当時十歳の〇〇〇氏の証言は、どうやら正確ではないようだ。

さらに、魚箱は厚さ五ミリ程度で昔のミカン箱よりも材質が柔らかく、棺を作ることは無理だろう。また魚箱程度であれば冬場のエサが乏しい時期にはキツネやタヌキが嗅ぎつけてすぐにこれを壊して食い散らかしてしまう。

二月に埋葬するのに、地面が凍っていることがわかっていながら道路の真ん中を掘ることは考えられない。私の郷里ではまだ土葬も行われていた昭和三十年代まで冬は火葬と決まっていた。当時は薪を持ち寄って焼くので火葬場はあったが一昼夜かかり、夏は農繁期で忙しいのでさっさと土葬した。

（四）北海道新聞記事の検証

まず平成二十五年六月五日の道新記事「旧江卸発電所建設に強制動員」「朝鮮人遺骨 美瑛で調査」「市民団体など8月に発掘計画」についてであるが、見出しにある「強制動員」はなかったと断言できる。

前章に引用した「正論」原稿にもあるように、昭和十三年の国家総動員法に基づく関係勅令によって、翌年から日本国籍を持つ者は、内地人であろうと、台湾人、朝鮮人（朝鮮半島は昭和十九年九月から）であろうと等しく勤労動員の義務を負った。東川の旧江卸発電所建設に朝鮮人が来たのは昭和十四年からのことである。つまり強制性を伴う徴用、記事にある「強制動員」による朝鮮人労働者はなかったのである。

平成二十五年七月十二日朝日新聞道内版によって具体的日程を知った私は資料入手を試み、八月になって私の手元にワークショップの具体的日程と内容を知らせるパンフレットが届いた。内容や規模からすると、どうやら主催者は発掘調査での〝遺骨発見〟を確信していると思われ、ニセ人骨もありうると考えて先手を打って、インターネット上の掲示板「困った地元紙掲示板」に以下の内容を投稿した。この掲示板は関係者によると北海道新聞関係者に注目されているということなので、道新記者を通じて主催者にも内容が伝わることを期待したものである。

〝神の手〟封じ　投稿者：的場光昭メール　投稿日：２０１３年８月13日（火）17時10分41秒

今、手もとに届いた資料によると、8/18-21の四日間〝2013・夏　東アジアの平和のための共同ワークショップ@大雪山〟が「北海道東川町、戦時下の強制労働犠牲者・遺骨発掘ワークショップ　過去をこころに刻み、いまを見つめ、未来を共にあゆむために」と銘打って行われます。主催は江卸発電所・東川遊水池強制連行・動員犠牲者遺骨発掘実行委員会です。誰との共同かって？　言わずと知れたこの団体と東川町の九条の会、そして町長がご執心の韓国の愛国者です。「未来を共にあゆむために」まず日本大使館前に建てられた慰安婦像を撤去するのが先だと思うのですがいかがでしょうか？

万一発掘して骨が出てくれば、それは決して60年以上前の骨ではありません。なぜか、現場は酸性土壌なので遺体を埋葬して20年もすれば骨も溶出してしまうからです。私も過去に祖母・曽祖母の墓を移設した際に手伝ったことがありますが、死後15年ほどでしたが全く遺骨はありませんでした。ということで遺骨が出た場合は最近起こった死体遺棄事件として警察に届け出る必要があります。あるいは〝神の手〟による可能性も！　北海道新聞の記者もこのイベントには詳細なレポートを書く予定でしょうが、八月八日の記事（八月九日投稿、お久しぶり撫順帰還者、まだ読んでない方はぜひ読んでください。担当記者と編集責任者のアホさがよく分かります。）のような大恥は書かないようにしてくださいね。

この投稿が関係各位に読まれることによって〝神の手〟を封じ、いらぬ騒ぎが起こらぬように願っています。

追伸　投稿者：的場光昭メール　投稿日：2013年8月13日（火）17時16分5秒

この事業は公益財団法人秋山記念生命科学振興財団の助成事業です。病院に薬を売って儲けた金で、しかも税金を免除される公益財団法人でありながら、反日事業に金を出して善人面していい気になっている、バカ者御曹司の顔が目に浮かびそうですね。

次に平成二十五年八月二十日道新記事「ここに眠る1人の朝鮮人　遺骨見つけたい」「強制労働　美瑛で初調査」「日韓130人　我々の使命」発掘作業の参加者を映した写真とともに大々的に報じているが、警察の捜索や遺跡調査でみられる発掘風景とは似ても似つかない真剣さに欠けたものに見受けられた。これについても同掲示板への投稿を紹介する。

本文に書かずに「強制労働」を見出しに使う姑息　投稿者：不肖的場メール　投稿日：

2013年8月20日（火）08時09分13秒

全くこの新聞には恥というものがないのか！　今日は不肖宮嶋ならぬ不肖的場の登場や。道新平成二十五年八月二十日30ページ、連日の当ブログでの〝強制連行〟のウソがバレバレの道新、とうとう強制連行をやめて〝強制労働〟を使いよった。アホぬかすな、東アジアの平和のための〝共同ワークショップ@大雪山〟のパンフレットにはっきりと「主催　江卸発電所・東川遊水池強制連行・動員犠牲者遺骨発掘実行委員会」と書いとるでないか。

市民団体「強制連行・強制労働犠牲者を考える北海道フォーラム」などでつくる実行委員会の主催だって？　代表者はどこのどいつだ。八月十六日朝刊には「同フォーラムの共同代表は蔡鴻哲《チェホンチョル》と殿平善彦」と紹介しとるでないか。今回は紹介できん不都合でもあるんか。

おっと、記事中に「同様のワークショップは1997年から毎年開かれ、これまで同管内幌加内町や宗谷管内猿払村などで朝鮮人や中国人の遺骨発掘を行なってきたが、美瑛町は初めて」とあるが、幌加内や猿払では蔡鴻哲の息子の蔡奎植が朝鮮大学校の学生時代に親子で参加したそうやないか。それで遺骨は出たんか、蔡親子は来よったんかはっきり書かなあかんで。なにせ息子が来たら旭川駅に〝階段盗撮注意！〟の張り紙出して、警備員増やしてもらわにゃならんで。

だいたい「手作業で土を掘り起こす」参加者の写真はまったくなっとらん。真っ白な軍手に手鍬を片手で持って、昔の婆の立ちションベンみたいに片肘を膝についてやる気まったくゼロやないか。しっかり腰を入れてしゃがんでやってみろ。これじゃ遺骨発掘どころか庭の草取りも出来んぞ。

「発掘は現代を生きる私たちの使命。何とか見つけてあげたい」というのは真っ赤な嘘だと写真が語っとるでないか。こいつらのやっていることは北の宣伝工作に便乗した今人気の北海道観光とちゃうんか。

だいたいこんなもんに公益財団法人秋山記念生命科学振興財団はいつまで金だし続けるんや。アホでなかったら何か弱味でも掴まれてるんやろ。

不肖的場なる人物のこの記事に対する評価は概ね当たっているように思えたので借用した。

ちなみに〝不肖的場〟氏が紹介している道新平成二十五年八月十六日朝刊二八頁には「戦時徴用か　沼田に遺骨」「市民団体　韓国の遺族に返還へ」という七段ぶち抜きの記事が載っている。

記事には遺骨の主は、「沼田町の明治鉱業昭和鉱業所（昭和炭鉱）で働き、44年（昭和19年）5月に39歳で急性肺炎により死亡したとされる」としっかり死亡した日付が朝鮮半島における戦時徴用開始、昭和十九年九月以前になっているにもかかわらず、見出しには四段ぶち抜きで大きく「戦時徴用か」と大ウソを平気で並べている。

またこの「市民団体」の正式名称は「強制連行・強制労働犠牲者を考える北海道フォーラム」で、同フォーラムの共同代表は蔡鴻哲《チェホンチョル》と殿平善彦の両氏と紹介されている。

殿平氏は深川の浄土真宗一乗寺の住職、また蔡鴻哲氏は息子の北海道朝鮮初中高級学校高級部教諭蔡奎植氏（北海道迷惑防止条例違反［盗撮］逮捕後の身分は不詳）と以前から道内各地で朝鮮人の遺骨発掘を熱心に行なっている。鴻哲氏の経歴ははっきりしないが、息子の奎植氏はネット上ではなかなかの有名人で、それというのも道新が平成十九年九月十一日に報じた記事が原因だ。〝階段盗撮注意！〟はこの記事を受けてのものだろう。

棺の跡に祈りささげ
美瑛の強制労働調査終了
学生「身が引き締まる思い」
万一の事態に備えて
きり遊ぼう
当麻 子連れに遊技場
手作りのパンいかが

ニセ墓穴前での慰霊祭を伝える道新記事

平成二十五年八月二十一日（上川・旭川版）「棺の跡に祈りささげ」「美瑛の強制労働調査終了」「学生　身が引き締まる思い」

前日に続いて大見出し、約六〇センチ四方の黒土の墓穴（しんぶん赤旗記事によると正確には六二センチ）を前に、韓国人僧侶が慰霊儀式をしているカラー写真を掲載している。

同じ掲示板に翌日投稿された〝不肖的場〟氏の記事を紹介する。

ついに出しよったか　投稿者：不肖的場メール　投稿日：２０１３年８月21日（水）10時34分13秒

ついに出しよった。

「人骨の可能性がある白いかけら」でこんなドデカイ記事になるんか！　深さたったの50センチだって、何ぬかしとるんだこいつら、北海道で深さ50センチならキツネ・タヌキそしてクマに食い散らかされて、お行儀よく墓穴に70年も寝ておれんとちゃうか。そもそも何だ、あの黒い真四角の土は。「人体など腐るものと接触すると土は黒くなる」?? アホ抜かすな！

死体を廃車のスクラップみたく真四角に圧縮して埋めたとでもいうんか。前もって掘って土を入れ替えておいたんやろ、見えみえの茶番、小学校の学芸会以下やなこいつら。もっとましな演技せい。

朝鮮人なら勝手に掘った穴から人骨拾って警察に届けもせんで持ち歩いていいと、日本の法律には書いとらんぞ、さっさと警察に届けろ。この記事みて捜査せんようなら北海道警察もよっぽどへたれやで。さっさと東川の塚田の家へ踏み込まんか。これを許したら在日や半島人に治外法権認めることになるんやで！

おお、川村兼一も来とったか。こいつはありもせんアイヌ虐殺をでっち上げて日本政府に

5兆円だせとゴロついとった奴やで。遺骨でっち上げの方法でも勉強しに来よったんやろ。聞けば激しい雷雨で発掘もままならんかったそうだが、よくもまあ抜けぬけと偽物の骨に供養までしよるわ。韓国の僧侶とやら、対馬から盗んだ仏像も返さんでお経あげてどうするんや。仏教には五戒（殺すな・盗むな・淫するな・嘘つくな・酒飲むな）があるやろが。仏像盗んでどうするんや、嘘つきまくってどうするんや、さっさと国へ帰って何とかしろ。はよ帰らんと婆さんが寺で間男しよるぞ。

記事への疑問

この記事への疑問と反論は〝不肖的場〟氏の投稿で十分だが、いくつか補足説明を加える。

日本国内では〝埋蔵文化財の発掘又は遺跡の発見の届出に関する規則〟によって、発掘調査は事前に許可を得る必要があり勝手な発掘は許されていない。それ以外の私的発掘で人骨およびその可能性がある遺物が出た場合は、刑事事件（殺人・死体遺棄）として発見と同時に発掘を中断し、所管の駐在所もしくは警察署に届け出なければならない。もちろんその遺骨を現場から持ち去ることは事件の証拠隠滅をはかる行為として処罰の対象になる。

大谷大学の先生が「人骨である可能性を示唆した」のであれば、通常は直ちに警察に届けて以後は鑑識が捜査を担当し、骨と現場の土は大学の法医学教室もしくは科捜研へ持ち込んで、人骨か獣骨かの鑑別にはじまってＤＮＡ鑑定まで行なわれることになる。

私は学生時代に山菜取りで〝白骨〟を見つけ法医学の先生にはずいぶん迷惑をかけた経験があるが、人骨と獣骨との鑑別は顕微鏡と砥石さえあれば簡単にできることを学んだ。また卒後しばらくして研究の必要があって法医学教室に保管されている多くの野ざらし人骨を調べたことがあるが、どれ一つとしていわゆる一般人がイメージする白骨のような白いものではなかった。知り合いの法医学者によると七〇年も地中にあって白い骨というのはほぼあり得ないという。さらに北海道は浅く埋めるとネズミやキツネ・タヌキ、場合によってはクマなどの動物が掘り返して喰ってしまい、残ったとしても大腿骨の骨幹部の一部だそうだ。

祖父や祖父の弟にも入植当初は土葬した遺体が掘り返されてキツネに食い荒らされたり、クマに持ち去られたりしたことがあったと聞いている。そのため郷里の中愛別では土葬には深い穴が必要で特に冬は大変なために、冬は火葬、夏は土葬ということが私の小学校時代まで続いていた。一級上の小学六年生の友だちが脳腫瘍で亡くなったときに、一人息子を亡くした両親が荼毘にふすのが忍びないと土葬を希望したのが私の記憶に残る最後だ。

さて記事の文章や写真にはずいぶんと不自然なことがみられる。

①「周辺の土の色と異なる黒い正方形」、確かに写真でも大人の肩幅くらいの黒っぽい正方形が写っているが、広角レンズで撮影されたことは手前が広がった台形に映り、韓人の僧侶と背後の人物の大きさの違いでもわかる。私は子供の頃から暗渠や水道管の埋設工事で、手堀で穴掘りをした事がある。大学生になってからもひと夏、旭川市花咲町の

川島建設が請負っていた下水管工事（下請けは三浦組）で立ち木のために重機が入らないところを手掘したことがあるが、スコップとツルハシで土に深く穴を掘る作業は、長辺でスコップの長さプラス人間が立って土を放り上げるに必要なスペース、が必要だ。ツルハシが不要な軟らかい土だとしてもスコップの長さ九〇チセンプラス人一人が立てる幅四〇チセン、合計一三〇チセンの長辺が必要になる。したがって労働効率を考えると坐棺を埋めるために長辺は一三〇チセン、短辺は六〇チセンの長方形の穴を掘るのが普通で、しかも坐棺であるため最低でも一・六メートル程度の深さが必要となる。窮屈な正方形の穴を掘るとは考えられない。

しかも真冬の北海道は表土が凍っており、わざわざ固くしまった通路に穴を掘るとは考えられない。

②「人体など腐るものと接触すると土は黒くなる」ということだが、現場の土が真四角というのは不自然である。

③「白いかけら」人骨が地中深く埋められて七〇年近くたって白いままで存在するとは考えられない。

④「人骨である可能性」ありとした時点で警察に届出義務が発生するのに届け出ていない。

⑤「1チセンほどのかけらが二つ」ネズミは別として動物は穴の中で遺体を喰わない。引きちぎって運び出して喰う。現場が真四角に保たれているということは動物に掘り返されず

に棺が保たれていたということで、それならばなぜ「かけらが二つ」なのか。「白い」まま骨が残る好条件に恵まれているならば、最低でも大腿骨の骨幹部二本分が残るのではないか。

⑥記事にはないが現場取材した別の記者によると、「人骨が出た。数片出たので、持参している」と塚田高哉事務局長がコメントしているが、法治国家の日本で一般市民が勝手に掘り出した人骨を所持するのは違法行為だ。

⑦これについて読売新聞記者が詳しい説明を求めたが多忙を理由に取材には応じないそうだが、人骨発見の詳細を説明する以上の多忙とは何のことなのか。

なお現場取材には、読売、毎日、朝日、道新など新聞各社とＮＨＫ、その他地元誌などが立ち会ったという。

報道に対する法医学者と警察の見解

まず「人体など腐るものと接触すると土は黒くなる」かどうかについて知人の法医学者に確認したところ、日本ではあまり専門の研究者はいないが法医土壌学という分野があり、外国文献によると土中の死体が周囲の土質に与える影響が詳しく報告されているという。それによると道新の写真や大谷大学の宋基燦氏のいうように「人体など腐るものと接触すると土は黒くなる」というのは真っ黒な、失礼、真っ赤なウソで、影響は数年、せいぜい五年ほどで、しかも周囲の土中の微生物の種類や含有アンモニアなどの変化であって土の変色が五年以上にわたって持続することはないということだ。

所管である東警察署に赴任していた従弟に問い合わせたところ、人骨が出た場合は通報するように事前に主催者に通知してあったという。また基本的には、身元不明死体に関しては発見された地元自治体が所管し、今回の場合は発掘を許可した自治体（美瑛町）に先ず報告され、続いて東警察署に報告が入ることになっているという。八月末時点では美瑛町にも遺骨発見の報告が入っていないとのことであった。美瑛町に報告が入ってはじめて、鑑識を派遣し捜査が開始されるという態勢になっていたとのことであった。殺人事件もしくは死体遺棄事件としての告発でもないかぎり、今回の場合警察は前面に出ないという。それでは自分が告発するというと、現場の状況（重機での掘削・発見された穴の大きさ・土の変色・白いかけら等）からとても人骨であるはずもなく、貴重な人材を裂くことはできない、と一笑にふされてしまった。つまり〝小学校の学芸会〟の遺骨発掘劇を本気にして北海道警察が出動したら全国警察の笑い物になってしまうということなのである。

結局今回の発掘騒動によって、一九九七年から猿払村や幌加内で彼らが行ってきた過去の発掘の信憑性も全くなくなったことが確認できた。

それにしても、北海道新聞は「棺の跡に祈りささげ」などと大見出しをつけて、訂正記事も書かないままシラを切るつもりなのか。

（五）北海道警察へ提出された〝遺骨？〟

私は彼等が発掘し発見した〝墓穴〟と〝人骨〟に関して法医学的見地から七〇年を経過しているとは考えられず、これが彼らの主張するように人骨や墓穴であるならば、比較的新しい殺人・死体遺棄事件の可能性があるので美瑛町所管の旭川東警察署に対して〝二個の白い骨〟を主催者に提出させるように要請した。詳しい経緯は不明であるが発掘から十日ほどして主催者から提出された〝二個の白い骨〟を同署が旭川医大法医学教室に持ち込んだことを確認した。そこで担当教授（的場注　先の知人とは異なる）に確認したところ、人骨云々以前に骨かどうか科捜研で鑑定せよと一蹴したという。

その後、年も押し迫って、鑑定結果を同署に確認したところ、美瑛町総務課に報告してあるので町もしくは主催者共同代表の殿平善彦氏に直接きいてくれとのことであったが、役場の総務課長が不在で話がつかず、やむなく共同代表の殿平善彦氏に直接電話で問い合わせたが、「現場責任者からの報告は聞いていない」との返事であった。年が明けた平成二十六年年一月七日美瑛町総務課長に連絡がつき、「鑑定結果は人骨ではなかった」と正式に回答を得た。

彼らはニセ墓穴・ニセ人骨で発掘を演出し、大々的に慰霊祭まで執り行って、あわよくばそこに慰霊碑を建てようとしていたのであろう。共産党や落選民主党議員はともかく、町内で行われる反日パフォーマンスを相手にもしなかった美瑛町長に比べて、東川町長の見識が問われる。

また忙しい中、全国の警察の笑い者になる覚悟で〝遺骨〟を提出させ鑑定にまで回してくれた、従弟への北海道警察の処遇を心配していたが、春の移動で栄転したと聞き安堵した。結果的に日本国の名誉を守ったことが評価されたものと思う。

四　北海道新聞への公開質問状

毎年八月十五日が近付くと北海道新聞は連日史実を無視した反日記事を掲載し、日本国を貶めることに狂乱状態となる。

私は目に余る道新記事に対して地元誌などで反論することを年中行事としていたが、さすがに今年の捏造記事には腹に据えかねるものがあり、社長と旭川支社長に公開質問状を出すことにした。

（一）公開質問状

北海道新聞代表取締役社長　村田　正敏　殿
北海道新聞旭川支社長　　　高田　正基　殿

前略、貴社が担当されたと思われる下記の記事について質問いたします。

一、北海道新聞2013年（平成25年）7月30日夕刊3頁『私のなかの歴史』に使用されている樺太残留朝鮮人に対する〝強制連行〟という文言について。

二、同年8月15日朝刊23頁旭川上川版は、〝若い隣人と語る戦争〟・〝過ち認める勇気に感動〟にある「太平洋戦争中の１９４４年（昭和19年）９月、遊水池建設のため中国人３３８人が強制連行されて過酷な労働を強いられ、終戦までの11カ月間で栄養失調や凍傷、虐待のため88人が死亡した。」との記載について。

三、同年8月16日朝刊28ページ。〝戦時徴用か　沼田に遺骨〟〝市民団体　韓国の遺族に返還へ〟にある「戦時徴用」について。

四、同8月20日（火曜日）朝刊30ページ、見出し〝ここに眠る1人の朝鮮人　遺骨見つけたい〟・〝強制労働　美瑛で初調査〟・〝日韓１３０人「我々の使命」〟と題する記事内容について。

五、翌21日朝刊25頁、旭川・上川版の見出し〝棺の跡に祈りささげ〟・〝美瑛の強制労働調査終了〟・〝学生「身が引き締まる思い」〟の記事内容について。

公開質問の詳細

一、『私のなかの歴史』（署名記事鳥居和比徒）記事中に「敗戦後、サハリンに残った妻は家族を養うため、娘を日本政府から強制連行されていた朝鮮人の男性と結婚させることが多かった」との記載があるが事実に反する。当時の樺太には徴用によって連れて来られた朝鮮人はなかったことは、外務省の資料等で調べれば明らかである。

①このままだと御社は裏づけを取る労を惜しんで、日本国を貶める歴史の捏造に加担したといっても過言ではないが、訂正する考えはあるのか。

②樺太残留朝鮮人の帰還については、戦後社会党内で真剣に検討されたが、理想のパラダイス社会主義ソ連から連れ戻すことは罪であるとの判断で中止になった経緯があったがご存知か。

拙著『アイヌ先住民族その不都合な真実20』に紹介した、チェーホフの『サハリン島』と元道庁職員の証言を判断の参考にしてください。

わたしはまた、一八八〇年の「クロンシュタット報知」第一一二號の中に――「サハリン島。マウカ灣（Maucha Cove）の興味あるニュース」といふ通信をも發見した。それには、マウカがロシア政府から、一〇年間、昆布の採取權を得てゐる會社の所在地といふことや、そこの住民は歐洲人三、ロシア兵七、朝鮮・アイヌ・支那などの勞働者七〇〇から成つてゐることが書かれてある。

江戸時代から昆布は重要な支那への輸出品でしたが、千島樺太交換条約で日本人が撤退した後に朝鮮人や支那人が多く居住していたことがわかる。

最近、樺太残留朝鮮人の補償を日本政府に求める運動があるが、これについては北海道サハリン友好協会の世話役として〝サハリン平和交流の船〟で何度も樺太を訪れた元道庁職員の一昨年（平成二十二年）の証言を紹介する。

二十年ほど前、樺太へ行った時に会った朝鮮人がいうには、「戦前、朝鮮では飯が食えなかった。飯が食いたかったら博多へ行けといわれて、博多へ来た。博多では飯は食えたが贅沢ができなかった。贅沢したかったら樺太へ行けといわれて樺太へ来て生活が楽になった」といっていたのが、最近行った時に彼は同じ私に向かって「自分は戦前朝鮮半島から強制連行されて来た。日本政府は補償せよ」というのだから、呆れてしまう。

二、同年8月15日朝刊23頁旭川上川版は、〝若い隣人と語る戦争〟・〝過ち認める勇気に感動〟にある「太平洋戦争中の１９４４年（昭和19年）９月、遊水池建設のため中国人３３８人が強制連行されて過酷な労働を強いられ、終戦までの11カ月間で栄養失調や凍傷、虐待のため88人が死亡した。」との記載について。

①今までの報道にない「虐待」という二字が新たに書き加えられている。建設当時社会党の山田孝夫町長が書いた大雪遊水公園の銅像「望郷」の碑文、いかにも当時、中共・北朝鮮べったりの社会党らしい文言だが、この碑文にすらない「虐待」が加えられている。御社記事に過去に一度もみられなかったこの文言の今後に及ぼす影響をどうお考えか、さらに訂正削除記事を書く考えはあるのか。

②国際法上問題のない東川町の遊水池建設に動員された中国人俘虜に強制連行を使う、旭川支社の高橋毅や今回の菅野愛という記者に今後適切な指導をするつもりはあるか。

③この問題に対する私の指摘に東川の松岡町長は地元誌「北海道経済」(本年5月号)誌上で「私はこの町に〝強制連行〟や〝強制動員〟があったとは思っていない。だからこういう言葉は使ったことがない」と明言している。つまり今年の慰霊祭には「強制連行」の文言は使用していない。実は彼は平成二十四年七月七日(土)に行なわれた〝中国人強制連行事件殉難烈士慰霊祭〟に参加して次のような挨拶をしている。これは、二番目に追悼文を読み上げた松岡市郎東川町長の声を参加者が録音したものなので確かである。

「思い起こせば昭和10年4月、日中全面戦争に突入し、その結果この東川町に強制連行された方は338名にのぼります…」とはっきり「強制連行」の文言が入っているが、これを参考にしたのか。

三、平成二十五年八月十六日朝刊28ページには「戦時徴用か　沼田に遺骨」「市民団体　韓国の遺族に返還へ」との記載がある。

①遺骨の主は、「沼田町の明治鉱業昭和鉱業所（昭和炭鉱）で働き、44年（昭和19年）5月に39歳で急性肺炎により死亡したとされる」としっかり死亡した日付が朝鮮半島における戦時徴用開始である昭和十九年九月以前になっているにもかかわらず、見出しには四段ぶち抜きで大きく「戦時徴用か」と大ウソを平気で並べているが、村田社長・高田支社長も戦時徴用と考えるのか。もし誤りを認めるのであれば今後訂正記事を掲載するのか。

②「市民団体」の正式名称は「強制連行・強制労働犠牲者を考える北海道フォーラム」だそうだが、同フォーラムの共同代表は蔡鴻哲（チェホンチョル）と殿平善彦と紹介されている。蔡鴻哲氏は朝鮮総連道本部副委員長、殿平善彦氏は深川一乗寺住職ながら寺の掲示板に共産党のポスターを貼ったことのある共産党シンパの真宗僧であることはご存知か。また高田旭川支社長は元共産党の下部組織民青の活動家だったそうだが、今でも共産党に共感をもって記事を書いているのか。＊的場注：傍線を付した部分は旭川支社宛の質問状にはな

い。

③また蔡鴻哲氏と朝鮮大学校学生時代から遺骨発掘作業をしていた息子の蔡奎植氏は、御社が平成十九年九月十一日に報じているように、北海道朝鮮初中高級学校高級部教諭の身分でありながら、道迷惑防止条例違反（盗撮）の現行犯で、逮捕されていたことはご存知か。

④記事中に蔡鴻哲氏を登場させて「昭和炭鉱には44年ごろ、多数の強制連行・強制労働の朝鮮人がおり、呉さんもその一人と考えられる」などという総連副委員長のウソを平気で記事にしているが、高田支社長も同意の上か。もし同意していないのであれば、訂正記事を書く用意はあるのか。

四、同8月20日（火）朝刊30頁、見出し〝ここに眠る1人の朝鮮人　遺骨見つけたい〟・〝強制労働　美瑛で初調査〟・〝日韓１３０人「我々の使命」〟と題する記事内容について。

①何度も指摘するが朝鮮人に関する国家的強制性を伴った徴用は昭和十九年九月からであり、江卸発電所・東川遊水池の工事に従事した中国人は囚人・俘虜、朝鮮人は自由渡航者である。見出しに「強制労働」とするのは不適切だと考えるが、村田社長・高田支社長はどう考えるか。

②記事中に市民団体「強制連行・強制労働犠牲者を考える北海道フォーラム」などでつくる実行委員会の主催とあるが、代表者の名前がないのは記事として無責任と考えるが、どう

か。

五、翌21日朝刊25頁、旭川・上川版の見出し〝棺の跡に祈りささげ〟・〝美瑛の強制労働調査終了〟・〝学生「身が引き締まる思い」〟の以下の記事内容について。

発掘最終日の20日、美瑛町忠別で犠牲者を埋葬したとみられる座棺の跡と、人骨の可能性のある白いかけらを見つけた。…発掘は19日に続いて20日も行なわれ、重機で深く掘ったところ、周辺の土とは異なる黒い正方形が現われた。深さ約50センチから人骨と思われる1センチほどのかけらが二つ見つかると、韓国から参加した僧侶の明盡《ミョンジン》さんらが供養した。…発掘した大谷大（京都）の宋基燦《ソンキチャン》助教は「人体など腐るものと接触すると土は黒くなる」と言い、白いかけらは人骨である可能性を示唆した。

①日本国内では〝埋蔵文化財の発掘又は遺跡の発見の届出に関する規則〟によって、発掘調査は事前に許可を得る必要があり勝手な発掘は許されていない。それ以外の私的発掘で人骨およびその可能性がある遺物が出た場合は、刑事事件（殺人・死体遺棄）の可能性ありとして発見と同時に発掘を中断し、所管の駐在所もしくは警察署に届け出なければならないはずである。今回の発掘許可は美瑛町の町道ということで美瑛町が出したものであるから

先ず美瑛町に報告がなされ、美瑛町が所管の旭川東警察署に通報しなければならない。もちろんその遺骨を現場から持ち去ることは事件の証拠隠滅をはかる行為として処罰の対象になりかねないが、御社ではこのようなことは検討されなかったのか。今後もこういう行為は許されると考えるのか。また記事にするのか。

②「発掘した大谷大（京都）の宋基燦助教は『人体など腐るものと接触すると土は黒くなる』と言い、白いかけらは人骨である可能性を示唆した」とあるが、いまだに美瑛町にも所管の東警察署にも遺骨発見の届出はなされていないが、御社はこの事に関して、遺骨の真贋も含めてどのように考えるか。

③「重機で深く掘ったところ、周辺の土とは異なる黒い正方形が現われた」とあるが、警察関係者によると遺骨が埋まっている可能性のある土地を重機で掘るということは捜査方法としては考えられないというが、御社はこの墓穴の真贋を含めてどのように考えるか。

④「周辺の土の色と異なる黒い正方形」、確かに写真でも大人の肩幅くらいの黒っぽい正方形が写っているが。広角レンズで撮影されたことは正方形が手前が広がった台形に映り、韓人の僧侶と背後の人物の大きさの違いでもわかる。私は子供の頃から暗渠や水道管の埋設工事で手堀で穴掘りをした経験がある。大学生になってからもひと夏、市内花咲町の川島建設が請負っていた下水管工事（下請けは三浦組）で立ち木のために重機が入らないところを手堀したことがあるが、スコップとツルハシで土に深く穴を掘る作業は、長辺でスコッ

プの長さプラス人間が立って土を放り上げるに必要なスペース、が必要だ。ツルハシが不要な軟らかい土だとしてもスコップの長さ90センチプラス人一人が立てる幅40センチ、最低130センチの長辺が必要になる。したがって労働効率を考えると記事中にある「座棺」を埋めるために長辺は130センチ、短辺は60センチ程度の長方形の穴を掘るのが普通で、しかも座棺であるため最低でも1・6メートルの深さが必要になる。窮屈な正方形の穴を掘るとは考えられない。御社は見出しにあるとおり今でも本当にこれを「棺の跡」だと断定できるのか。

⑤「深さ約50㌢から人骨と思われる1㌢ほどのかけらが二つ見つかる」とあるが、北海道で深さ50センチならキツネ・タヌキそしてクマに食い散らかされて、墓穴に70年も真四角になって収まっていることは不可能と考えるが、御社は北海道の新聞社でありながらこうした疑問はもたなかったのか。

⑥「人体など腐るものと接触すると土は黒くなる」という大谷大（京都）の宋基燦助教の発言をそのまま掲載しているが、知人の法医学者に確認したところ、日本ではあまり専門の研究者はいないが法医地質学という分野があり、外国文献によると土中の死体が周囲の土質に与える影響が詳しく報告されているそうだ。それによると影響は数年、せいぜい5年ほどで、しかも周囲の土中の微生物の種類や含有アンモニアなどの変化であって土の変色が5年以上にわたって持続することはないということであった。それでも御社は「棺の跡」

という見解を改めないのか。

⑦「白いかけら」「人骨である可能性」「1チセン《ほど》ほどのかけらが二つ」この地域は大雪山を背景とする火山地域で土質は酸性だ。同じ法医学者によると人骨が地中深く埋められて70年近くたって白いままで存在するとは考えられない。ネズミ以外のキツネ・タヌキ・ヒグマなどの動物は穴の中で御遺体を喰わない。引きちぎって運び出して喰う。現場が真四角に保たれているということは動物に掘り返されずに棺が保たれていたことになる。それならばなぜ「かけらが二つ」なのか。「白い」まま骨が残る好条件に恵まれているならば、最低でも大腿骨の骨幹部二本分が残るだろう。遺骨が長く残るのは貝塚周辺や石灰岩地域のアルカリ性地質であって、稲作適地のような酸性土壌地域では不可能だとのことである。見出しの「棺」の根拠、白いかけらが「人骨」の可能性があるとして記事にした根拠は何か。

⑧記事にはなってはいないが、事務局の塚田高哉氏が取材陣を前に「人骨が出た。数片出たので、持参している」とコメントしたそうだが、この時点で美瑛町あるいは警察への届出義務を指摘する者はなかったのか。御社の記者はこのことについてどういう態度をとったのか。

以上、五関連記事19項目についてご回答をいただきたく、ここに公開質問状をお送りさせていただきます。

なお来る9月3日を待って回答なきときは、御社が今回の発掘について信憑性がないと判断したものと理解します。

平成二十五年八月二十六日
医療法人健光会旭川ペインクリニック病院理事長
的場光昭

(二) 北海道新聞からの回答

公開質問状への回答である。

的場光昭様

北海道新聞をご愛読いただき、ありがとうございます。
ご質問に関してですが、編集紙面を担当する私の方からお答えさせていただきます。
ご指摘はご意見として受け止めました。今後も、より良い紙面づくりに努めて参ります。

2013年9月2日

北海道新聞旭川支社報道部長　地田哲哉

以上、たったこれだけの文面、これが私の長文の質問状への回答の全文である。

普通、組織が外に文章を出す時には組織の長の責任において出すものなのだが、北海道新聞はいったいどうなっているのだろうか。道新では組織の長は責任をとらないということがはっきりする回答内容である。

しかも村田社長・高田旭川支社長名で出された質問、つまり記事の内容と歴史的事実の相違について両氏の見解を質したものだというのに、旭川支社の報道部長名での回答だ。これでは会社としての責任ある回答とは到底納得できない。

特に北海道新聞の旭川・上川版は朝鮮人強制連行関連記事だけではなくアイヌ関連記事も含めて過激な捏造が目立つため、その理由を道新の内部事情に詳しい人物に尋ねたところ、高田旭川支社長は共産党の下部組織民青の活動家だったと教えられた。旭川に赴任した部下たちは支社長の顔色をうかがって反日的な捏造記事を書くのだろう。そして過激な記事を書けば書くほど支社長の覚えが目出度いということになる、まるで撫順の戦犯の洗脳教育のような一時期をおくることになる。そして彼らは撫順帰還者よろしく道新の隅々に散って反日記事の捏造にいそしむという構造なのだろう。

ということで、せめてもの抵抗として、病院で患者さんに提供している産経新聞と北海道新聞のうち道新を読売に変更することにした。せめて入・来院中だけでもまともな新聞に接して、退院後は産経や読売に変えるようになれば幸いだ。

こんな道新ではあるが朗報も入っている。通常は取締役への登竜門、次期取締役への指定席とされている旭川支社長であるが、平成二十六年の人事異動で新取締役の人事から漏れたことを確認した。彼の後輩（六〇歳）が抜擢されたため、今後取締役になることはないと思われる。

私の公開質問状が多少なりとも社長をはじめ取締役の覚醒を促したのではないかとひそかに自負しているところである。

五　猿払村共同墓地の石碑テロ

東川町の朝鮮人強制労働感謝の碑建立の頓挫に続いて美瑛町でもニセ墓穴ニセ人骨が暴かれて、敗色濃厚となった反日勢力が目指したのは、彼等がすでに遺骨を発掘したと主張している猿払《さるふつ》村に石碑を建てて既成事実化をはかることであった。この動きを大々的にネット上に配信したのは韓国の聯合ニュースだった。

（一）電凸で阻止

北海道に韓国人強制動員犠牲者の追悼碑建立へ＝韓国機関

聯合ニュース　２０１3年11月20日（水）19時32分配信

【ソウル聯合ニュース】韓国政府機関の「対日抗争期強制動員被害調査および国外強制動員犠牲者支援委員会」は20日、日本による植民地時代に北海道・猿払村の浅芽野飛行場の工事現場へ強制動員された犠牲者を追悼する碑石を建設すると明らかにした。除幕式は猿払村で26日に行われる。

碑石は猿払村や市民団体「強制連行・強制労働犠牲者を考える北海道フォーラム」と共同

で建立される。韓国政府機関が日本の自治体・市民団体と強制動員被害者の追悼碑を建てるのは初めて。

碑石の上部には「記憶継承」と刻まれ、下部には浅芽野飛行場の工事現場で多くの朝鮮人労働者が強制動員され、多数が犠牲となったなどの内容が書かれている。

浅芽野飛行場の工事現場には朝鮮人１１８人が強制動員された。２００５年からこれまで39人の遺体が発掘されている。

同委員会関係者は「過去の歴史問題で冷え込んでいる韓日関係を改善し、両国の友好増進や未来志向の関係を確立できるきっかけになると思う」と述べた。

このニュースをいち早く発見し、ネット上で公開し拡散したのは、マスコミの偏向報道や自虐史観に危機を感じる女性たちのブログ『そよ風』(2013.11.20日付)だ。このブログに投稿されたハンドルネーム〝もふもふ〟氏が記事全文を紹介してくれたのだ。

さっそく『そよ風』はブログ記事で「北海道の猿払村に電凸を‼」呼びかけ、26日に予定されている除幕式を阻止する行動に出た。

電凸の様子を、ブログに紹介されたやり取りから紹介する。

私：39遺骨が朝鮮人だと言うがＤＮＡ鑑定をしたのか。

役所：遺骨調査には係《ママ》ったが、詳しい事は分からない

私：強制労働と言う言葉は当時なかったが、強制労働を示す一次資料はあるのか。

役所：役所はそこまでかかわっていない。すべて、その団体がやったこと。

私：事実に基づかない嘘の碑文を残す事で日韓友好の障害になるとは思わないか。

役所：詳しい事は分からない。

私：地方交付税が出ている以上、村だけの問題ではなく、未来永劫、日本が悪い事をしたと子供たちに継承させていく事になるので止めて頂きたい。

役所：村は、お金は出していない。

私：墓地は公営墓地だ。村の管理ではないのか。

役所：調べて連絡します。

私：村長や役人が除幕式に出ると言う事は、朝鮮人の嘘の歴史を認め、プロパガンダ工作に加担すると言う事、絶対にやめてほしい。

役所：まだ除幕式に出るかどうかは決めていない。新聞が勝手に書いた事。

私：韓国政府機関が政治活動をすると言う事は村だけにとどまらず、外交問題でもあるので、一次資料を示して国民に説明する義務がある。

役所：私は詳しい事は分かりません

＊注「私」は著者的場ではなく『そよ風』の涼風氏。

猿払村には抗議が相次いだという。抗議活動によって中止になった除幕式について報じる北海道新聞（平成二十五年十一月二十三日三十六頁）記事を紹介する。

「除幕式 中止に」「朝鮮人追悼碑 設置申請なく」

【猿払】宗谷管内猿払村は22日、戦時中に日本へ動員され、犠牲になった朝鮮半島出身者の追悼除碑幕式を中止するよう主催者の実行委に伝えた。建立地が村有地であるにもかかわらず必要な許可申請が出ていなかったためで、今後、碑の設置場所や碑文の内容など善後策を実行委と協議する。

除幕式は26日に予定されていた。市民団体は「強制連行・強制労働犠牲者を考える北海道フォーラム」や地元住民でつくる実行委は、１９４２～４４年（昭和17～同19年）に同村と同管内浜頓別町にまたがる旧陸軍浅茅野《あさぢの》飛行場の建設工事に動員され犠牲になった、朝鮮半島出身者の発掘調査を２０１０年まで行い、計39体分の遺骨を発見。韓国政府機関と実行委が共同墓地（村有地）に追悼碑を建立することを決めた。

韓国側では、政府機関が20日、追悼碑建設事業費約１８０万円について「韓国政府予算と猿払村からの支援金が使われた」と発表。韓国メディアが同日、同様の表現で報道したところ、インターネットニュースを見た日本の市民団体などから事実関係をただす電話やメールなど約１００件の抗議が猿払村に相次いだ。

村によると、村が費用を支出したという事実はないが、村が経緯を調べるうち、村有地使用手続きの不備などが判明し、実行委に除幕式の中止を要請した。

実行委の水口孝一共同代表（78）＝猿払村＝は「村側に設置の許可をとらないなど、実行委側にも落ち度があった。関係者にご迷惑をかけ申し訳ない。韓国側にも説明した上で、今後、いい方向にすすめられればと思う」と話している。

（二）韓国の反日攻勢が一線を越えた

追悼碑建設事業費約180万円について「韓国政府予算と猿払村からの支援金が使われた」と発表との記事を見て、私は翌日旭川市から213キロメートルある猿払村へ確認のために出掛けた。

浅茅野の共同墓地に入る町道への取り付け道路の真正面に、盛り土もいれて高さ2・5メートル、幅2メートル程のものが入口真正面にあり右横の町民の墓石が遠慮がちに見えた。

碑文は分厚い板で頑強に包まれていて確認できなかった。普通の工事ならテントがけで風に煽られているのに、よほど過激な文言が刻まれていることが想像できる。

この碑の問題点を整理しておく。

①浅茅野には徴用による朝鮮人労働者は来ていなかった。したがって碑文に「強制」がある

とすれば、これは歴史の捏造である。

②発掘したとされる人骨は本当に骨なのか、あるいは骨であったとしても人骨だったのか、さらに朝鮮人労働者のものなのかという検証がなされていない。かりに日本人の人骨が含まれているとすれば、亡くなった方は朝鮮人として祀られることをどう思うであろうか。再発掘して一体一体厳密な法医鑑定とＤＮＡ鑑定をすべきである。

③日本の領土である村有地に韓国政府機関が出資、その意を受けた朝鮮総聯が深く関わる組織が施設を建てる、しかも無申請で建てることは立派な犯罪である。

頑丈な木の板に囲まれた石碑

④仮に村が土地を提供したとすれば、日本政府の頭越しに韓国政府と村が勝手に金（村は地価分）を出し合って施設を造ったことになり、外交・行政両面から大変な問題である。日本の主権を韓国と北朝鮮に侵害されたといっても過言ではない。

⑤村の共同墓地の取り付け道路真正面に韓国政府機関出資による碑がドカンと建っていることに対する、村民感情への配慮が全くない。

現場に立って概略以上のことを考え、ネット上で報告し猿払村役場や外務省・総務省に質問状を出すよう呼びかけた。

また翌日村役場に連絡を入れ、村としては一切資金を出していないし、まだ現場を確認していないという担当者に対して上記の問題点を指摘し、さらに「強制連行・強制労働犠牲者を考える北海道フォーラム」が東川町や美瑛町で行ってきた一連の活動と、その構成メンバーや背後関係を詳細に説明し、村長に石碑の撤去を求めるように強く要請した。

この事件で特に注目すべきは韓国政府機関が、朝鮮総聯北海道本部副委員長が共同代表を務める同フォーラムに資金を提供したことである。韓国政府の反日攻勢は一線を越えたということであろう。

その後撤去作業が十二月八日に行われるとの情報を得た私は、撤去時に覆いが外される際、碑文を確認するために再度猿払に向かったが、午前中に撤去が完了してしまっており残念ながら碑文の確認は出来なかった。

撤去を伝える道新十二月十二日二八頁を紹介する。

「猿払の朝鮮半島出身者追悼碑」「実行委、自主的に撤去」

【猿払】戦時中に日本へ動員され、犠牲になった朝鮮半島出身者の追悼碑が宗谷管内猿払村の村有地に許可申請がないまま建てられた問題で、建立した実行委は11日までに、追悼碑を自主的に撤去した。

市民団体「強制連行・強制労働犠牲者を考える北海道フォーラム」や地元住民でつくる実

行委は、１９４２〜４４年（昭和17〜同19年）に同村と同管内浜頓別町にまたがる旧陸軍浅茅《あさぢ》野《の》飛行場の建設工事に動員され犠牲になった、朝鮮半島出身者の発掘調査を２０１０年まで行い、計39体分の遺骨を発見した。韓国政府機関と実行委は浅茅野の共同墓地（村有地）に追悼碑を建立し、11月下旬に除幕式を予定していたが、必要な許可申請が村に出されていないことが判明。除幕式は中止になった。

実行委は韓国側に事情を説明した上で、８日に重機を用いて追悼碑を撤去。今後、碑文の文言や設置場所などについて関係者で協議し、あらためて村内に建立する意向だ。実行委は「碑文の内容をすり合わせるなど、きちんと手続きを踏みながら進めていきたい」と話している。

彼らはまだ猿払村での石碑建立をあきらめてはいないのである。

そもそも村も把握していないうちに村有地に石碑が建ってしまうという事態がどうして起こってしまったのだろうか。

ちなみに他の町村関係者からの情報によると、多くの町村の場合、共同墓地の管理は基本的に地域の檀那寺などが作る管理組合が町村から任されており、猿払村職員が経緯を知らないことは何の不思議もないとのことであった。つまり共同墓地を管理する檀那寺が了承すれば、町村が知らないうちにこのような石碑テロが行なわれ既成事実化してしまう可能性があるということである。今回の猿払村の場合でも碑の建立用地を墓地用地として村民の個人名で購入し、そこに追悼碑を建てたものだということが判明している。

中国資本を代表とする外国資本が自衛隊基地に隣接する土地や離島、さらには水源地を買収していることが問題になって法整備がいそがれている。反日組織が用いた今回の手法は今後、管理組合が管理する共同墓地を有する全国の地方自治体に波及することが予想される。これを防ぐために早急に共同墓地の管理に関する法整備が必要だ。

(三) 猿払村遺骨発掘の実態

そもそもこの石碑建立のきっかけとなった猿払村での発掘作業とはどのようなものであったのか、インターネット上で「蔡鴻哲　猿払　強制連行」で検索すると最初に意外な記事がヒットした。

＊＊＊＊＊＊＊＊＊＊

朝鮮高校教師が女子高生のスカート内撮影！

スカートの中盗撮　朝鮮学校教諭逮捕　札幌厚別署

(北海道新聞　2007/09/11)

札幌厚別署は十日、道迷惑防止条例違反（盗撮）の現行犯で、札幌市清田区平岡四の二、北海道朝鮮初中高級学校高級部教諭蔡奎植（さいけいしょく）容疑者（23）を逮捕した。
調べでは、蔡容疑者は十日午後八時三十五分ごろ、同市厚別区大谷地東三の市営地下鉄東西線大谷地駅構内のエスカレーターで、同市清田区内の女子高校生（17）のスカートの中を、バッグに隠したビデオカメラで撮影した疑い。
不審な行動に気付いて女子高校生が声をかけたが、男は逃走。女子高校生から通報を受けた駅員が現場付近で男を取り押さえた。

この←人？

北海道「東アジア共同ワークショップ」「理解と友情」生んだ一週間
（朝鮮新報　2006/09/05）
強制連行犠牲者の遺骨発掘を通じて東アジアの未来を考える「東アジアの平和な未来のための共同ワークショップ～東アジアの過去を心に刻み、未来を共に拓く～」（主催＝旧日本陸軍浅茅野飛行場建設強制連行犠牲者遺骨発掘実行委員会）が8月18～25日にかけて、北海道の札幌、猿払、浜頓別、朱鞠内などで行われた。共同ワークショップには、日本、南朝鮮、中国から大学生ら約１８０人が参加。寝食を共にしながら発掘作業や文化交流、シンポジウムを通じて歴史をみつめ交流を深めた。

発掘への思い

ワークショップには朝鮮大学校や留学同の同胞学生の姿もあった。通訳や発掘作業の班長を率先して務めるなど、参加学生を結ぶ重要な役目を果たしていた。

朝鮮大学校の蔡奎植さん（理工学部4年）は、発掘作業に特別な思いで参加していた。「（強制連行犠牲者の）遺族の話を聞いて、異国の地で無残に犠牲になったことがどれほど悲しいことかと考えた」という奎植さん。「まだまだいろんなところに同胞の遺骨が埋まっていると思う。一体でも多く掘り出して遺族に返してあげたい」と熱心に取り組んだ。

奎植さんの祖父は、強制労働の被害者であり、同胞の遺骨を発掘するために活動していた。父の蔡鴻哲さんもワークショップ主管団体である「強制連行、強制労働犠牲者を考える北海道フォーラム」の共同代表を務め、遺骨問題に熱心に取り組んでいる。3世の奎植さんはそんな姿を幼いころから見てきた。

「これから自分も関わっていきたい」と祖父と父の願いを受け継ぐ決意を新たにした。（略）

＊＊＊＊＊＊＊＊

父蔡鴻哲氏の「そんな姿を幼いころから見てきた」末の盗撮である。父なる人物像も推して知る可しで、ニセ人骨など朝飯前なのであろう。

参考までに同フォーラムがインターネット上に掲載している発掘の報告書と参考文献を紹介する。なお本文中の番号を付した傍線は的場がこれに続く反論と考察の便宜のために付した。

（四）旧日本陸軍浅茅野飛行場建設での朝鮮人強制労働と遺骨発掘レポート

二〇一〇年五月一日から四日にかけて旧日本陸軍浅茅野飛行場建設での強制連行犠牲者の第3次遺骨発掘事業がおこなわれた。発掘現場は北海道の北端、猿払村の成田の沢にある旧共同墓地である。ここでは二〇〇五年の試掘以来、二〇〇六年に第一回、二〇〇九年に第二回の発掘作業がおこなわれた。二〇〇七年には浅茅野での調査活動がもたれ、翌年、その調査報告書が発行され、二〇〇九年には韓国での証言収集もおこなわれた。今回の二〇一〇年の発掘は第三回目のものとなる。

発掘実行委員会の中心は強制連行・強制労働犠牲者を考える北海道フォーラム(1)が担っている。北海道フォーラムは浄土真宗札幌別院の納骨堂に一〇一体の朝鮮人・中国人の遺骨が発見されたことを契機に、二〇〇三年二月に結成され、これらの遺骨とともに道内にある遺骨の調査と返還の活動をおこなってきた。二〇〇四年には北海道で朝鮮人中国人強制連行強制労働を考える全国交流集会をもった。さらに浅茅野での遺骨収集と返還にむけての活動もはじめ、猿払村民と共同して発掘実行委員会を結成し、発掘作業をおこなってきている。

ここでは発掘実行委員会や北海道フォーラム作成資料から、飛行場建設と朝鮮人の連行状況と遺骨発掘の経過についてまとめておきたい。

①浅茅野飛行場の建設と朝鮮人の連行

アジア太平洋戦争がはじまると、国内での軍事飛行場建設が拡大され、猿払村でも北方での戦闘を想定して浅茅野第一飛行場と第二飛行場の建設が始まった。浅茅野での第一飛行場工事の開始は一九四二年六月ころであり、一九四三年一〇月には主な滑走路が完成し(2)、軍用機が配備された。一九四三年には浅茅野北方の浜鬼士別で浅茅野第二飛行場の建設も始まった。この浅茅野での第一・第二飛行場建設関連工事は一九四四年まで続く。

この飛行場工事は陸軍航空本部経理部の「国防緊急軍工事」としておこなわれた。この軍の工事を鉄道工業が請負い、その下で丹野組や川口組、坂本組などが労働者を使った。この飛行場の建設のための労働力として朝鮮半島からの強制的な連行がなされた。連行朝鮮人が送られたのは丹野組のタコ部屋(監獄部屋)(3)だった。

第1飛行場工事への大量の朝鮮人の連行が確認できるのは一九四三年の六月である。六月一〇日には忠南の天安郡から沈載明さんら一〇〇人が連行された(『北海道探検記』(4))。また、権容恪さんは六月に忠南論山から連行され、金鐘錫さんも六月にソウルで捕らえられて浅茅野に連行された（北海道フォーラム収集証言）[5]。池玉童さんによれば、京畿道と忠南道の三〇〇人が最初の連行者だった（同証言）。張基勲（玉山基勲）さんの一九四四年二月の釜山での遺骨法要関係資料によれば、張基勲は一九四三年六月二二日に慶南の金海郡の「斡旋供出要員」とされ、連行されている。このように工事が進む中で建設労働力として、朝鮮半島からの動員がなされたわけである。

　連行がおこなわれた地域を死亡者名簿や証言からみていけば、京畿（ソウル）、高陽、忠南燕岐、天安、論山、大田、舒川、忠北沃川、慶南金海、梁山などがある。他にも全南、全北、慶北などからの連行もあったとみられる。軍工事の斡旋による連行では、各地から一〇〇人単位で連行がなされた例が多いから、浅茅野の丹野組への連行者数は連行者の出身地域の数からみて一〇〇〇人ほどとみられる。丹野組はタコ部屋で暴力的な労務管理をおこない、奴隷労働が《ママ》強要した。工事が終わると、連行者は鉄道工業が請け負っている労働現場へと転送された。現在判明している場所は、鹿児島の万世飛行場建設工事現場（約七〇〇人）と三菱美唄炭鉱の下請労働現場（七五人）である。

　金敬洙さんと李炳熙さんによれば、浅茅野第二飛行場工事へは慶南金海、蔚山、昌原からの連行があり、軍属とされ中隊ごとに編成された（北海道フォーラム収集証言）。ここにもそれ以外からの地域からの連行も含め、一〇〇〇人を超える人々が連行されたとみられ、一九四四年に工事が終わると連行朝鮮人は札幌を経て、帰国した（同証言）。

このようにみてみると、浅茅野での第一・第二の両飛行場の建設へと連行された朝鮮人は二〇〇〇人を超えるといっていいだろう。

集団的な連行以外にも、サハリンの北樫保の炭鉱から逃亡し、沼川の宗谷炭鉱で働いていた南応浩さんは路上で憲兵に捕えられて浅茅野に送られ、その後、計根別飛行場の菅原組の現場に転送され、さらに千島の幌莚に連行された（『北海道と朝鮮人労働者』四四九頁）[6]。これは北海道内各地から浅茅野工事への割当による「供給」の一例であろう。その他の「信用部屋」の組をみると、坂本組の労働者も朝鮮人であり、松本組は三〇人ほどの組だが、そのうち七〜八割が朝鮮人であったという。

浅茅野の飛行場建設は主として連行朝鮮人によっておこなわれたが、それは浅茅野の原野に繁る熊笹を抜き取り、大木を撤去するという重労働だった。

一九四三年の夏には不衛生な労働環境と酷使のもとで発疹チフスが流行し、労働者が次々に罹患して死亡した。朝鮮人の死亡者名簿をみると確認されているだけでも、七月に四人、八月には二五人、九月には二八人、一〇月には九人、一一月には一〇人、一二月には八人の死者が出ている。このうち「回帰熱」と記されているものが、八月四人、九月七人であり、これらは発疹チフスによる死者とみられるが、これ以外にも発疹チフスによる患者が多数発生している。

また、殴打暴行による死者もでた。一九四三年八月には「木村音福」（木村元福）が棍棒で殴打され、「金元金民」(金錫珉)はスコップで殴られ死亡した(『北海道新聞』一九四三年八月一四日付)。しかし、死亡診断書にはそれぞれ精神異常、脚気衝心などとある。ここでは虐待による死亡が隠蔽されている(7)。

逃亡して捕まるとツルハシの太い棒で力いっぱい殴るといった暴行がなされ、それにより、発熱や下痢の症状になって死んでいくものも多かったという(8)。大腸カタルや栄養失調などでの病死とされてはいても、実際には虐待による死亡が多数あったとみられる。

連行された朝鮮人の証言から第一飛行場現場での労働実態についてみておこう。

監督が棍棒を持って高いところから見張り、頑張らないと叩かれた。耳のところを叩かれ鼓膜が破れて聞こえなくなった(池玉童証言)。

軍人のように四列に並ばせて工事現場に行かせた。少しでも仕事が遅れると棒で殴られた。監督に嫌われると下水道のようなところに連れて行かれて殴られた。倒れて病院に行ったらそのまま死んだ。仕事から帰ると戸が閉められ、どこにも行けなかった。部屋の周りは鉄の檻のようなもので囲まれていた。北海道にいた時の番号は六三番であったが、九州に移動するときには三三番になっていた(権容恪証言)。

作業中話をすることは禁止され、見つかると殴られた。水を飲むことも許されなかった。寝る時も話を禁止された。仕事が遅いと殴られた。逃げた人はつかまり、血まみれになるほど殴られた。裸にして水をかけながら殴った。休日も外に出ることはなかった(金鐘錫証言)。

住民の証言にも、「いじめて殺すどころではないよ。あんまり辛くて、逃げたのがずいぶんあった。それを捕まえてみせしめに叩いて、スコップで叩いて、捕まったら最後だった」というものがある（「二〇〇七年報告書」二六頁）。

このように日常的な殴打による暴力的な管理と労働の強制がなされ、移動の自由がなく、逃亡して捕えられると殺されることもあった。[9]

このなかで抵抗の闘いも組まれた。監督による殴打をきっかけに「ここにいると殴られて死ぬ、朝鮮へ帰ろう」と争議になったが、憲兵隊が来て首謀者5人ほどを連行した（池玉童証言）。日常的な殴打が集団的な抗議行動につながったが、憲兵隊による弾圧がなされた。

②朝鮮人遺骨の発掘経過

浅茅野での朝鮮人遺骨の発掘の経過をみてみよう。住民たちは、浅茅野の旧共同墓地で露天での火葬がおこない《ママ》、残骨残灰などを各家族の墓所に埋めて処理し、そこに灰塔や卒塔婆を建て、遺骨は信證寺に預けてきた。[10] 朝鮮人などの工事関係者の遺骨で寺に預けられたものもあったようだが、遺骨や遺体がこの旧共同墓地に埋められたままであったものも多い。

戦後、浅茅野の共同墓地は旧飛行場の跡地に移動し、その際、旧共同墓地にあった住民の墓地は整理され、一九五二年に新火葬場ができ、一九五九年には墓地として認可された。戦後、信證寺の住職が工事関係者の埋葬骨を改葬した、あるいは丹野組が遺骨を七〇体ほど受け取ったという話もあるが真相は不明である。

浅茅野での遺体の埋葬については池玉童さんの証言がある。それによれば、病舎と宿舎は離れたところにおかれた。亡くなった人を処理したが、横になっている死体をしゃがんだ姿勢にして箱に入れた。膝が折れなくて大変だったが、日本人が「えい、この野郎」と足の指を曲げて膝の折り方を教えてくれた。朝、馬車で運び、木の下に穴を掘り埋めた。上に名前を書いた杭を打った。埋めてから火葬にするといっていた（北海道フォーラム収集証言）。

遺族に渡されず、火葬されることなく埋められたままの遺体もあったとみられる。

遺体は頓別の共同墓地にも埋葬された。金海平は一九四三年に連行され、一九四三年一二月に死亡した。面《ママ》に死亡通知がきたため、大阪に居住し、そこで徴用されていた息子が叔父と二人で浜頓別の共同墓地に行った。雪の中に埋められていた父の遺体はそこで焼かれ、翌日遺骨を受け取った（韓国糾明委員会による遺族からの証言調査）。

頓別村の金海平の火葬認許証をみると墓地は頓別村共同墓地とされている。認許証では火葬の日は一二月二七日が予定されているが、遺族の証言によれば、火葬は遺族が到着してからであり、正月を過ぎてのことであった。

浅茅野の旧共同墓地には朝鮮人の遺体が残されているという証言により、北海道フォーラムがこの遺骨問題に本格的に取り組み、二〇〇五年以降の発掘作業によって二〇一〇年までに三〇体ほどの遺骨が発掘された。

二〇〇五年の試掘では、旧共同墓地の窪みからうずくまり座った姿勢での埋葬遺骨一体が発掘された。頭蓋骨の裏側には不自然な二つの穴が開いていた[11]。

二〇〇六年には猿払・浜頓別住民や韓国の漢陽大学や忠北大学の関係者も参加して「旧日本陸軍浅茅野飛行場建設強制連行犠牲者遺骨発掘実行委員会」が結成され、二五〇人以上が参加して第一回の発掘が取り組まれた。発掘は試掘調査で遺骨が発掘された窪みを中心におこなわれ、土壙墓五つ、火葬遺構七つなどが調査された。土壙墓のうち三つで少量の遺骨があり、一つで灰や地下足袋があった。火葬遺構のうち四つは何回か火葬が行われた場所であり、三つは個別的な火葬の場であり、そのうちの一つからは火葬された七〇パーセントほどの人骨が発見された。この試掘と第一次の発掘での遺骨は一二体分と推定された[12]。発掘現場には木製の追悼碑が建てられた。

二〇〇九年の第二次の発掘には一〇〇人ほどが参加し、ほぼ全身の遺骨一体を含む七体が発掘された。二体は木を抜くとその根に絡まるかたちで発見された[13]。他にも、三体の遺骨が埋められている穴などが確認され、二〇一〇年に調査に引き継がれた。

二〇一〇年の第三次発掘には一〇〇人ほどが参加した。実行委員会会長を曹洞宗宗務総長が引き受け、猿払村長も参加した。発掘は漢陽大学と北海道大学の考古学チームが共同しておこない、その作業で出土した骨を拾い、洗う作業を日韓の市民が協力しておこなう形となった。

調査対象の穴は昨年に調査したものも含めて一七か所であったが、調査中に対象地が増え、計21か所になった。そのうち一一か所を掘りすすんだところ、三体が重なって出土したところと背骨部分が出土したところがあった。他の箇所からは火葬されて粉砕された遺骨が出土した。また火葬場とみなされる場所があり、その近くには灰が集められた場所もあった。火葬場からは韓国式のキセルとみられる遺物も一〇ほど発見された(14)。五月四日までに一一体以上の発見となった。その後さらに漢陽大学チームが発掘をすすめたところ、一体の遺骨や多くの火葬骨が発見された。その結果、第三次の発掘遺骨数は計一九体分となった。

三体が重ねられて埋葬されていた場所は直径七五センチメートル、高さ五〇センチメートルの穴である(15)。発掘現場ではGP11と呼ばれた。GPとはグレイブピット（墓穴）の略である。見るとすでに発掘され、骨盤や足、背骨、肋骨が地表にその姿を表していた(16)。中央部は黒ずんでいて、上から焼かれたことがわかるが、十分に焼かれないまま土でおおわれている。一体は脊髄《ママ》、肋骨、骨盤、大腿骨等が残り、その下には頭蓋と脊椎、骨盤、仙骨、大腿骨などがある一体と脊髄、骨盤、仙骨、大腿骨等腰部のみが残る一体の二体が重なっている。上の遺骨は下向き、その下は上向き、一番下は下向きに埋められていて、頭部が残っているのは一体だけであり、その頭部は小さな穴に入れるために押し曲げられていて頸椎が折れている。中には足が折られ、その先が無くなっているものもあるという。どのようにしてこのような形になったのかは不明であるが、通常の埋葬方法ではない。「凄惨なやり方」と掘り進める者の声が聞こえる。このような死体の扱いは人間の尊厳をふみにじるものという(17)。

刷毛や棒を使って、骨一つひとつが丁寧に土から掘り出され、トレイの上に並べられる。頭骨は掘り出された時のままうつむいたままだった。掘り出された骨が洗浄液に浸され、洗われる。頭骨をみると歯がきれいに残り、歯垢はたばこのヤニという。歯から幼いころの栄養状態が良くなかったことも推定でき、腰の骨から腰痛があったこともわかり、この遺骨は三〇代前半ほどのものという。これらは浅茅野の工事現場での死者であり、朝鮮人である可能性は極めて高いだろう(18)。

一九四三年一二月二〇日に浅茅野で追悼会がもたれた写真が遺族の手に残っている。一九四四年二月に釜山で遺骨一〇数体が遺族に手渡されたことを示す写真もある。この写真は一九四三年九月三日に死亡した張基勲さんの遺族の手元にあったのだが、その時、釜山には一二月頃までの死者の遺骨がすべて持っていかれたとは思えない。また遺骨は本当に本人のものだったのだろうか。発掘された遺骨はそのような疑問を与える。

現在判明している死亡者名簿からも一九四三年八月から一二月にかけて二、三日の間に死者が三人出た日は二〇回ほどある。今回の墓の穴が浅いことから、雪の中を掘って埋めて燃やしたとすれば、一一月以降のこととみられる。死者が集中した時をみると、一一月以降では四回ほどある。この三人はその時の死者かもしれない。

発掘後の五月四日には浜頓別の天祐寺で追悼会がもたれ、大きな箱棺九個と小さな骨箱一四個が並んだ。そこで参加者も含めての読経がおこなわれた。そこは追悼と返還への想いが交差する場であった。

五月、熊笹を揺らしてオホーツクの海へと強く冷たい風が吹き抜けていく。陽光も森の中ではまばらになる。そのなかでみた三体の重なるように捨てられている人骨とその発掘は心に深く残るものだった。それは、歴史がどのような立場で、どのような方向で記されていくべきかを問いかけているように思われた。この遺骨の側から言葉をつむいでいきたいと思う。

参考文献

『猿払村浅茅野共同墓地における遺骨試掘報告書』強制連行・強制労働犠牲者を考える北海道フォーラム二〇〇五年
『旧日本陸軍浅茅野飛行場建設強制連行犠牲者遺骨発掘事業二〇〇六年報告書』旧日本陸軍浅茅野飛行場建設強制連行犠牲者遺骨発掘実行委員会二〇〇七年
『二〇〇七年浅茅野調査報告書』強制連行・強制労働犠牲者を考える北海道フォーラム二〇〇八年
「韓国聞き取り調査報告書」強制連行・強制労働犠牲者を考える北海道フォーラム二〇〇九年三月
『無縁遺骨　過去・現在・未来』曹洞宗人権擁護推進本部二〇一〇年
『朝鮮人強制連行・強制労働の記録　北海道・千島・樺太篇』朝鮮人強制連行真相調査団

一九七六年
『北海道と朝鮮人労働者　朝鮮人強制連行実態調査報告書』北海道一九九九年
北海道総合文化開発機構『北海道開拓殉難者調査報告書』一九九一年
『北海道探検記』本多勝一　一九八一年
北原弘巳「浅茅野飛行場建設と朝鮮人労働者」第二五次合同教育研究集会一九七五年
二〇一〇年五月

（五）反論と考察

傍線（1）

発掘が強制連行・強制労働犠牲者を考える北海道フォーラムが中心になって行ったという。美瑛のニセ人骨ニセ墓穴で彼らのやり方がどういうものか知ってしまっては、冒頭からすでにこの報告の信憑性に疑問がわいてしまうのは私だけではないだろう。

傍線（2）

朝鮮半島で強制性を伴う徴用が開始されたのは終戦間際の昭和十九年九月以降であり、このときすでに飛行場の建設工事の主体部分は終了している。したがって彼らが主張するところの強制連行ではない。

傍線（3）

タコ部屋労働は借金や家族の生活費を前借して、寄宿舎に収容され労務につくものである。手元の記録（『明治初期における炭鉱の開発―日曹炭鉱における生活と歴史―』北海道開拓記念館 1973）によれば、当然、職種は重労働が多く例えば道内の炭鉱などでは、昭和十七年当時、概ね採炭夫で二円五十銭から五円、運搬夫では二円から三円の日当が支給されていた。そのうち食費（五十五銭）と布団（十銭）の経費が差し引かれ、借金の分割払い分を差し引いて本人に支給されていた。また妻帯者は別に住居が支給されていた。

また逃亡により前貸しした賃金が回収不能になる場合も多々あったようで、逃亡者は警察に手配されたが、警察もあまり熱心に探さなかったようである。

当時の手配書を見ると、年齢や身長の他に「頭髪ハイカラ、所持金三十円位」などという記載があり語り継がれている悲惨なタコ部屋労働とはずいぶんと異なることがわかる。ちなみに当時の巡査の月給は十五円程度であった。また連れ戻された者も翌日より労務復帰していることがわかる。

私の患者で戦前、芦別の炭鉱で採炭夫として働いていた老人から聞いた話であるが、支払われる賃金は朝鮮人も日本人も職種に応じて差別はなかったし、一緒に遊郭へも遊びに行った、一ヶ月真面目に働いて節約すれば家が建ったということの意味が、支払われた賃金の多さを知ってようやく納得できた。

また仕事ぶりが真面目なものは、借金を払い終えると再雇用され、タコ部屋を出て一戸を構えて通勤するものもあり〝通いダコ〟と称されていたという。

なお、手元の文献『明治初期における炭鉱の開発―日曹炭鉱における生活と歴史―』の朝鮮半島における募集の記載はすべて、朴慶植著『朝鮮人強制連行の記録』（1965）を参考にしており全く信用にならない。朴慶植は朝鮮大学校教員で朝鮮人強制連行という言葉を最初に使って広めた人物である。朝日新聞が報じた吉田清治の朝鮮人慰安婦強制連行の内容はこの慰安婦版である。

傍線（4）

『北海道探検記』の著者は文献で紹介されているように本多勝一である。あの本多勝一の文献を参考にした時点でこのフォーラムの〝強制連行〟に関する記載はすべて信頼性を失うというほどの大人物である。朝日新聞の慰安婦報道記者である植村隆や最初にこの記事を書いたとされる清田治史にも勝るとも劣らぬその健筆ぶりを「週刊新潮」平成二十六年九月二十五日号が余すところなく紹介していた。

彼は取材に応じて次のように述べている。

『中国の日本軍』のキャプションが『アサヒグラフ』に別のキャプションで掲載されているという指摘は俺の記憶では初めてです。確かに「誤用」のようです。

出典の『アサヒグラフ』１９３７年（昭和12年）11月10日号で、キャプションは、「我が兵士に守られて野良仕事より部落へかえる日の丸部落の女史供の群」となっていることは保守系の月刊誌では何度も指摘されていたことである。

本多は『中国の日本軍』（１９７２）でそれを、「婦女子を狩り集めて連れて行く日本兵たち。強姦や輪姦は七、八歳の幼女から、七十歳を越えた老女にまで及んだ」と捏造したのである。彼の捏造はとうとうアイリス・チャンをして『ザ・レイプ・オブ・南京』（１９９７）を書かせるにいたったといっても過言ではないだろう。

本多の南京関連捏造はほかにもある。特に有名なのは「朝日版支那事変画報」１９３７年（昭和12年）12月5日号の写真を失敬して、『本多勝一全集14』の「中国の旅（南京編）」に追加し、しかもキャプションを次のように書き換えている。

ヤギや鶏などの家畜は、すべて戦利品として略奪された（南京市提供）

元々のキャプションはというと、【支那民家で買い込んだ鶏を首にぶらさげて前進する兵士】となっているのにである。写真を確認すると両肩に鶏をぶら下げた笑顔の兵士はとても略奪行為をしてきたばかりの顔には見えない。

また本多が１９７５年のプノンペン陥落直後に発表した『カンボジア革命の一側面』には、

「例によってアメリカが宣伝した『共産主義者による大虐殺』などは全くウソだったが（それを受けて宣伝した日本の反動評論家や反動ジャーナリストの姿はもっとこっけいだったが）、しかし末端にはやはり誤りもあったようだ」などと、ポルポトが殺した二百万人をアメリカの宣伝による虚報だと報告している。

言うまでもないことだが、S・クルトワらの大著『共産主義黒書』（1997）では、共産主義の犠牲者数を、旧ソ連で約二千万、中国で約六千五百万、ベトナムで約百万、北朝鮮で約二百万、カンボジアで約二百万、東欧で約百万、中南米で約十五万、アフリカで約七十万、アフガニスタンで約百五十万、これに権力の座につかなかった共産党による犠牲者を加えると合計で実に九千五百万から一億に達すると報告している。

また元共産党員浜本達吉氏の報告（正論 2000.9.）によると、「1997年11月6日のモスクワ放送は、ロシア十月革命八十周年記念日（十一月七日）を前にして、欧米の学者が推定した『勝利した共産主義の偉大なる思想』による犠牲者の数を紹介した。それによると、十月革命の起きた1917年から旧ソ連時代の87年までに6200万人が殺害され、うち、4000万人は強制収容所で死んだ。レーニンは、社会主義建設のため国内で400万人の命を奪い、スターリンは4260万人の命を奪った。共産主義思想は全世界に広がり、共産主義の中国で3500万人、カンボジアではポルポト元首相が、200万人の同胞を殺した。社会主義国全体では、合計1億1千万人が抹殺された」と放送したという。

共産主義はすべて正しく日本国はすべて悪というイデオロギーに基づく本多の記事捏造ぶりは「こっけい」だったでは済まされないが、その本多の文献をありがたく引用して自らの報告の信憑性のなさを暴露している同フォーラムの姿こそは「こっけい」そのものである。

傍線（5）

墓穴や骨を捏造してしまう北海道フォーラム収集証言なるものの信頼性は全くない。これに関連して、北海道サハリン友好協会の世話役として〝サハリン平和交流の船〟で何度も樺太を訪れた元道庁職員の一昨年（平成二十二年）の証言を紹介しておくだけで十分だろう。

二十年ほど前、樺太へ行った時に会った朝鮮人がいうには、「戦前、朝鮮では飯が食えなかった。飯が食いたかったら博多へ行けといわれて、博多へ来た。博多では飯は食えたが贅沢ができなかった。贅沢したかったら樺太へ行けといわれて樺太へ来て生活が楽になった」といっていたのが、最近行った時に彼は同じ私に向かって「自分は戦前朝鮮半島から強制連行されて来た。日本政府は補償せよ」というのだから、呆れてしまう。

傍線（6）

先ほど紹介した北海道開拓記念館の出版した報告書も「聞き取り調査と記録資料調査との関連も不十分」と編集者自らが認めているように、先の道庁職員ではないが、金銭補償や政治的問題が絡む聞き取り調査ほど当てにならぬものはない。

傍線（7）（8）

確かに監督が殴るという行為はあったが、先の報告書には「撲った場合は、通訳を介して家庭的雰囲気の下に理由を説明した」という記載もある。まだ借金の回収もしていない大事な労働者、いわば借金の担保を働くことができないほど傷つけるような愚かなことはしないのが常識である。

傍線（9）

千人もの労働者を暴力的な管理で強制労働させることの困難さに思いがいたらぬ想像力の欠如にあきれてしまう。別の資料には連れ戻された翌日から業務に復帰している記載がある。

傍線（10）

この記載によって発掘調査で発見された遺骨が村民のもの、もしくは村民のものが含まれている可能性が高いことがわかる。ただし、六十年を過ぎて遺骨が残っていたと仮定してのことである。

私も子供のころ墓参りの折など当時はまだ薪を用いていた火葬場をのぞくことがあったが、釜の横に置かれた赤錆たドラム缶には、死灰とともに焼け残った大腿骨や肩甲骨に付いたままの上腕骨、連なったままの腰骨などがそのまま放り込まれていた。聞けば生焼けで砕くことができず、用意した骨箱に入らないために遺族がおいていったもので、後にまとめて火葬場の敷地に埋めて処分するとのことであった。遺骨が持ち帰ってもらえずにドラム缶の中に放置されていることに強い衝撃を受けた私が、家に帰って母に自分が死んだときはちゃんと全部の遺骨を持ち帰って欲しいと懇願したこと、そして母が「そうしてやるから、お前も母ちゃんが死んだときは頼むね」と言った言葉が、今もそのままの声音で私の耳に残っている。

以前、北海道新得町出身の患者から聞いた話であるが、戦前の新得町には火葬用の釜がなく露天で火葬していたため、骨を拾ったあとの、大きなまま崩れない骨と遺灰はその場に穴を掘って埋めていたということであった。

平成二十六年十月八日、出張先の中富良野町立病院で四人の老人（年齢七十四～八十六歳に昔の火葬風景について尋ねてみた。持ち寄った薪で荼毘に付した遺骨すべてを持ち帰ることはなく、今のように砕いて骨壺におさめることもなかったという。弟の火葬で拾いやすい骨の一部をさらしで縫った袋に入れて骨箱に収めて帰った経験などを聴取することができた。遺骨は故人の形見のような物であり、一部を持ち帰って焼け残った骨の大部分は火葬場に残し後にまとめて埋葬したという。私の子供の頃の記憶とほぼ同じ証言が得られた。

芦別市の患者（昭和十二年生まれ）は火葬場の近くに住んでいたが、やはり持ち寄った薪で火葬していたため、焼け残る多くの骨はまとめておいて後日穴を掘って埋めたという。

さらにこうしたことがいつごろまで行われていたか、友人の鎌田告人比布神社宮司に尋ねたところ、彼が小学生の昭和四十年頃に比布町の火葬場でも残された焼け残りの大腿骨や骨盤を見て驚いた記憶があるとのことであった。

薪の灰はいうまでもなく強いアルカリ成分である。こうしたアルカリ成分と共に埋められた人骨は六十年以上経過して残存しても不思議ではないが、そのまま埋められた遺体が通常の酸性かつ湿潤な土壌で残ることはない。

つまり発掘された遺骨は私が子供のころ目撃したのと似たような状況で、火葬されたのちに焼け残って砕いて骨箱に収めることができなかった骨を死灰とともにまとめて埋めて処分したものと考えるのが妥当である。納骨堂に収められている古い日本人の骨箱の大きさからして、朝鮮人の骨だけがこのような扱いを受けたというのは誤りだ。

ちなみに戦前から石炭を用いていた火葬場もあり、ここでは火力が強いためにほぼ現在と同じように焼けあがっていたという旭川市内在住の老人の証言も得た。

結局、彼らが行った〝朝鮮人強制連行被害者の遺骨発掘〟なるものは、古い墓場の火葬場跡を暴いた墓荒らしだったのだ。

傍線（11）

「頭蓋骨の裏側」つまり頭蓋底には大後頭孔以外にも様々な神経や血管が通る穴が開いている。医学部の解剖学の試験の山の一つである。おまけに頭蓋冠部と異なり骨の含気が多く骨皮質も不均一で長年土中にあって、どれが不自然な穴かの判定は困難である。逆に「不自然な二つの穴」などという表現は発掘者が専門的知識を持ちあわせていない素人だったということになろう。

傍線（12）（13）

傍線（10）の考察を裏付けるものである。

傍線（14）

当時タバコは配給だった。強制連行されて強制労働させられた可哀想な朝鮮人労働者がなぜキセルを所持していたのか、少しは頭を働かせてものを言ってもらいたい。

傍線（15）

直径七五センチ、深さ五〇センチの穴に三体重ねて埋葬は出来ない。もしこれが事実だとすれば、先ほども触れたように、焼け残った遺骨をまとめておいて、穴を掘って埋めたものであり、当時としては普通に行われていたことである。

傍線（16）（17）

傍線（10）の考察を参考にされたい。

傍線（18）

法医学者によると埋められた歯は通常白色または薄いピンクになるという。火葬された骨や埋葬されて六〇年以上経過した歯にタバコのヤニが残ることはないともいう。

六〇年以上経過した人骨の歯から「幼いころの栄養状態が良くなかった」ことまで推定し

てしまう想像力の豊かさが、朝鮮人強制連行などという妄想を生むのだ。そもそも幼いころから栄養状態が悪くその歯に痕跡が残るような発育不良者は労働力として半島から連れてくるはずがないではないか。

私は日ごろ腰痛を専門に見ている臨床医であるが、腰骨の形状から腰痛の有無を判断することはほとんど不可能といってよい。彼らが強制労働させられたとする二十代から三十代の腰痛の原因はほとんど腰椎に変形を認めない椎間板障害や筋筋膜性疼痛だからである。またこの年代の男性がわずか二年の重労働で、素人目にも腰痛があったとおもわれるほどに腰椎が変形することはないと断言できる。つまり「この遺骨は三〇代前半ほどのものという。これらは浅茅野の工事現場での死者であり、朝鮮人である可能性は極めて高いだろう」という彼らの主張には全く根拠がないどころか、地元在住の日本人高齢者のものであることがわかる。

このようなデタラメな発掘とその解釈に基づく慰霊碑建立は、その文言がどうであろうとも決して許可されるべきではないのである。

六　ニューヨークタイムズ東京支局長マーティン・ファクラー氏からの取材申し込み

（一）突然の取材申し込み

平成二十六年九月三日、ニューヨークタイムズ東京支局の井上氏から次のようなメールが届いていた。

「北海道の猿払村の強制連行犠牲者の慰霊碑についてお伺いしたいことがあり、連絡させていただきました。……昨年11月の慰霊碑建立はどのような点が問題だったかについて、弊紙支局長マーティン・ファクラーが、先生のお考えを電話にてお伺いしたいと希望しております。」

突然のことであり驚いたが、さては慰安婦強制連行の捏造を朝日新聞が認めたことによって、朝日の軒下を借りて反日記事を垂れ流していたニューヨークタイムズがこのままでは旗色が悪いとみて朝鮮人強制連行へ軸足を移そうとしていると判断し、うっかり電話取材などに引っ張り出されると大変なことになると警戒した。
まず相手の出方を探る意味で、自分の職業上の理由で落ち着いて電話取材に応じる時間がとれない旨を返信し、メールでの取材には応じることを伝えたところ、質問内容が書かれたメールがとどいた。

(二) ニューヨークタイムズ東京支局とのメールのやり取り

メールのやり取りをそのまま紹介するが、混乱を避けるために電話番号やメールアドレスは掲載しない。

ニューヨークタイムズ東京支局からのメール

的場先生
はじめまして。そよ風の涼風様より先生のお名前を紹介され、ご連絡させていただきます。
そよ風をはじめ様々なブログやＨＰに先生が投稿されているコメントを読ませていただきました。
北海道の猿払村の強制連行犠牲者の慰霊碑についてお伺いしたいことがあり、連絡させていただきました。

昨年11月の慰霊碑建立はどのような点が問題だったかについて、弊紙支局長マーティン・ファクラーが、先生のお考えを電話にてお伺いしたいと希望しております。

突然のお願いで誠に恐縮ですが、8月4日または5日にお電話にてお話する時間がございましたら、取材にご協力いただきたくお願い申し上げます。


ニューヨークタイムズ東京支局　担当　井上

私の回答

井上様
お早うございます。的場光昭です。

お申し越しの件ですが、私宛のメールで質問をいただければ、折り返し返信いたします。

当方、まだ現役の臨床医であり、また現在札幌市議会の金子氏の「アイヌ　もういない」発言問題で忙殺されておりますので、メールであれば空いた時間を利用してお返事ができると思います。

よろしくお願いいたします。


ニューヨークタイムズ東京支局からのメール

的場光昭様、

ご多忙の中、早速お返事をいただきまして、誠にありがとうございます。

またメールにて取材にお応えいただけますとのこと、重ねてお礼申し上げます。

ファクラーからの質問は次のようなものです。

1．猿払村の慰霊碑建立につきまして、反対する皆さんから、この小さい村にいわゆる「電凸」をなさいましたが、なぜこれを始められたのでしょうか？

2．その結果は、成功した、と思われていますか？

3．電凸によって、小さい村を脅かした、というふうに考えられていますでしょうか？

4．そういった皆さんは、なぜ「電凸」という行為をされるのでしょうか。民主主義社会は、相反する意見と、健全なディベートを尊重するのではないでしょうか？

5．この「電凸」が、短期的には功を奏したとしても、長期的には、日本人は、それを「いじめ」とみなしたり「ヘイトスピーチ」とみなしたりする、という心配をなさっていますでしょうか？

以上の点でございます。

ご多忙のところ、誠に恐縮ですが、お答えいただけますようよろしくお願い申し上げます。

井上真己子
ニューヨークタイムズ東京支局

(三)ニューヨークタイムズ東京支局マーティン・ファクラー氏への回答

私は当初の問い合わせとは異なる質問内容に悪意を感じたが、こういうことは過去に北海道新聞の取材に応じた際にも経験し、しかも回答とは異なる趣旨で報道されるという苦い経験をしていたので、メールでの取材は正解であった。
以下はM・ファクラー氏の質問に対する私の回答である。

ニューヨークタイムズ東京支局長　マーティン・ファクラー　様
はじめまして、私は北海道旭川市に住む的場光昭（まとば　みつあき）と申します。
昭和29年、北海道生まれの六〇歳、職業は医師です。

お申し越しの件ですが、当初の井上様からのメールでは、「北海道の猿払村の強制連行犠牲者の慰霊碑についてお伺いしたいことがあり、連絡させていただきました。……昨年11月の慰霊碑建立はどのような点が問題だったかについて、弊紙支局長マーティン・ファクラーが、先生のお考えを電話にてお伺いしたいと希望しております。」とのおたずねでした。

しかし、私は現役の臨床医であり、時間の都合上電話での取材には対応できないのでメールで回答する旨、井上様に返信したところ貴殿からの質問内容が以下にあげるごとく当初と異なっていることにやや困惑しております。

＊＊＊＊＊＊

ファクラーからの質問は次のようなものです。

1. 猿払村の慰霊碑建立につきまして、反対する皆さんから、この小さい村にいわゆる「電凸」をなさいましたが、なぜこれを始められたのでしょうか?
2. その結果は、成功した、と思われていますか?
3. 電凸によって、小さい村を脅かした、というふうに考えられていますでしょうか?
4. そういった皆さんは、なぜ「電凸」という行為をされるのでしょうか。民主主義社会は、相反する意見と、健全なディベートを尊重するのではないでしょうか？

5．この「電凸」が、短期的には功を奏したとしても、長期的には、日本人は、それを「いじめ」とみなしたり「ヘイトスピーチ」とみなしたりする、という心配をなさっていますでしょうか？

以上の点でございます。

＊＊＊＊＊＊

私といたしましては、せっかくのお問い合わせですので、まず「慰霊碑建立の問題点」、次に貴殿のご質問5項目について、可能な限り事実関係を踏まえて回答させていただきます。

回答

猿払村朝鮮人強制連行慰霊碑建立の問題点

（1）第一点は猿払村への朝鮮人強制連行はなかったという史実です。日本が朝鮮半島に強制性を伴う徴用を施行したのは1944年9月以降です。猿払村の飛行場建設は1942年着工1943年にはほぼ完成し通信施設などの付帯設備を残すのみとなって重労働を必要とする状況ではなくなりました。

（2）飛行場建設に携わった朝鮮人がいたとすれば、それは自由渡航者によるものです。もちろん賃金もおなじ現場で働く日本人同様に支払われていました。これは道内の炭鉱などで働いていた朝鮮人と同様の処遇であり、こうした重労働に対しては、当時の巡査の給与の約4倍という高給が支払われていました。

これに関連して重大な証言を紹介します。樺太残留朝鮮人の補償を日本政府に求める運動がありますが、これについては北海道サハリン友好協会の世話役として〝サハリン平和交流の船〟で何度も樺太を訪れた元道庁職員の（平成二十二年）の証言を紹介しておきましょう。

二十年ほど前、樺太へ行った時に会った朝鮮人がいうには、「戦前、朝鮮では飯が食えなかった。飯が食いたかったら博多へ行けといわれて、博多へ来た。博多では飯は食えたが贅沢ができなかった。贅沢したかったら樺太へ行けといわれて樺太へ来て生活が楽になった」といっていたのが、最近行った時に彼は同じ私に向かって「自分は戦前朝鮮半島から強制連行されて来た。日本政府は補償せよ」というのだから、呆れてしまう。

この残留朝鮮人は終戦間際に朝鮮人にも適用された徴用ですらなく、自らの意思で樺太へ渡ったにもかかわらずこういうことをいうのです。

（3）当時日本にはタコ部屋労働というものがありました。あらかじめ賃金をもらい、賃金に応じた期間、宿舎に寝泊まりして、労働力を提供するというものです。また年季が明けた者についても正直でよく働く者は、宿舎から出て居を構え「通いタコ」と称して本人の希望によって雇用される場合もありました。通いタコの中には現場近くで家庭をもつものもありました。

（4）これに関連して重大な証言があります。2011年に、東川町の遊水池建設のために強制連行されたという二人の老人、パク・シヨン（91歳）・パク・インシク（90歳）を招いて町民を交えた交流会を行なった席上、挨拶に立った強制連行被害者の一方が、多くの町民を前に「仕事はきつかったが、おかげで米も買えたし、帰国して家も建てることができた」と語って、〝東川9条の会〟〝歴史を掘る会〟（これの構成員は「強制連行・強制労働犠牲者を考える北海道フォーラム」と重複する）関係者をあわてさせたといいますが、こうした報道は一切なされておりません。私は町民に事実を確かめ、東川町に記録提示するよう申し出ましたが、町が参考にしたのは「強制連行・強制労働犠牲者を考える北海道フォーラム」が作成したビデオで、該当部分はなかったとの返事でした。

（5）猿払にもどります。この石碑建立の中心になった「強制連行・強制労働犠牲者を考える北海道フォーラム」の共同代表は殿平善彦深川一乗寺住職・同じく共同代表蔡鴻哲朝鮮総聯北海道本部副委員長であり、参加者の中には北朝鮮関係者をはじめ元日本赤軍関係者やパレスチナ連帯（元革マル派）など国内だけでなく海外でも過去に重大な破壊工作をおこなった組織の関係者が含まれています。

（6）月刊誌『正論』の拙稿（朝鮮人「人骨」騒動の呆れた顚末 2013.11）に詳述してありますが、この団体は過去に東川町、次いで美瑛にも同様の石碑を建立しようとして、特に美瑛町の発掘調査ではニセ墓穴、ニセ人骨を用いて大々的に慰霊祭まで行っています。これに参加し中心的役割を果たした韓国人は過去に北のスパイ容疑で韓国公安の家宅捜索を受けた前歴の持主でした。

（7）美瑛町で彼等が発掘した墓穴や人骨については、警察の科学捜査研究所による鑑定結果、法医学者の証言を得て偽物であることが判明しています。しかしこのような重大事件を朝日はもちろん北海道新聞も報じておりません。

しかもこの発掘に参加した大谷大学の宋基燦は黒土で埋められたニセ墓穴について、「人体など腐るものと接触すると土は黒くなる」などと、法医土壌学の知見からは全くかけはなれたデタラメを証言しています。また地元の古老の証言に基づいて発掘を行い、証言の場所に証言と同じ大きさの墓穴が出たのですが、この証言そのものが法医昆虫学から明らかに間違いであったことも証明されています。

（8）猿払村で発見された人骨についても多くの疑念があります。

①美瑛町もそうですが、猿払の土壌で60年以上埋められた人骨が残ることはない。つまり埋められた人骨が50年以上残るのは貝塚周辺、サンゴ礁土壌、石灰岩地域や洞窟、砂漠のような乾燥地域に限られる（法医学者の見解）。

②２００６年の発掘調査では、「火葬されそのまま放置されたとみられるあばら骨や肩甲骨が数か所で見つかった」としているが、大腿骨骨幹部でさえも60年以上保存されることは奇跡に近いのに肋骨や肩甲骨が残存することはない（法医学者の見解）。

③彼等が２０１０年に第三次発掘で発見したという人骨について数々の疑念がある。まず埋葬後70年を経て人骨が残ることは美瑛町同様ありえない。歯にたばこのヤニが付着していたというが長く埋められた歯は白色または淡いピンクであり、ヤニが残存することはない。つまり比較的新しい人骨である（法医学者の見解）。また当時日本国内ではタバコは貴重品で遅くとも１９４１年当時、一人一個に制限されていた。これを歯にヤニがたまるほど豊富に彼らがいう強制連行された朝鮮人労働者に与えるとは考えにくい。歯の状態から幼い頃の栄養状態が悪いことまで分る、としているが歯に異常がでるほど栄養状態が悪いということは成

長もそれなりに阻害されているはずであり重労働の人夫としては不適であり、彼らのいう強制連行の対象にはならない。腰の骨から腰痛があったことがわかり遺骨は30代前半のものとしているが、腰椎は長管骨に比べて骨皮質がうすく、腰痛の有無を論じるほどの保存状態は考えられない。また私は腰痛を専門とする医師であるが、骨の形からでは腰痛の有無は判断できないのが通常である。

④殿平氏はその著書『遺骨』の紹介記事（北海道新聞 2013.12.4）において「背骨が不自然に曲がった遺骨が物語る過酷な現実」などとしているが、成人男性の背骨が2年程度の重労働で「不自然に曲がる」ことはない。

以上の数々の疑念、そして美瑛町の経緯から考えると、発見された人骨は他から持ち込まれた新しい人骨、もしくは動物の背骨である可能性が高いということです。

（9）この碑の問題点

①浅茅野には徴用による朝鮮人労働者は来ていなかった。したがって碑文に「強制」があるとすれば、これは歴史の捏造である。

②発掘したとされる人骨は本当に骨なのか、あるいは骨であったとしても人骨だったのか、さらに朝鮮人労働者のものなのかという検証がなされていない。かりに日本人の人骨が含まれているとすれば、亡くなった方は朝鮮人として祀られることをどう思うであろうか。再発

掘して一体一体厳密な法医鑑定とＤＮＡ鑑定をすべきである。
③日本の領土である村有地に韓国政府機関が出資、その意を受けた朝鮮総聯が深く関わる組織が施設を建てる、しかも無申請で建てることは立派な犯罪である。
④仮に村が土地を提供したとすれば、日本政府の頭越しに韓国政府と村が勝手に金（村は地価分）を出し合って施設を造ったことになり、外交・行政両面から大変な問題である。日本の主権を韓国と北朝鮮に侵害されたといっても過言ではない。
⑤村の共同墓地の取り付け道路真正面に韓国政府機関出資による碑がドカンと建っていることに対する、村民感情への配慮が全くない。

以上の経緯、問題点をご理解いただいたことを前提のうえで、マーティン・ファクラー支局長のご質問に回答します。

1．猿払村の慰霊碑建立につきまして、反対する皆さんから、この小さい村にいわゆる「電凸」をなさいましたが、なぜこれを始められたのでしょうか？

回答：私はネットとかコンピュータに詳しくありませんので、「電凸」なる言葉が何を意味するのか今回ご質問を受けて調べるまで恥ずかしながら知りませんでした。私の意見に賛同して電凸の中心になった「そよ風」の開設者に質問されるべき内容だと思います。

2. その結果は、成功した、と思われていますか?

回答:電凸が成功したかどうかは分かりませんが、私は猿払村の担当者に「強制連行・強制労働犠牲者を考える北海道フォーラム」のいままでの活動内容とその結果、そして構成員および背後の組織について説明し、上に示した歴史的経緯などを含めた問題点を指摘しただけです。村の担当者は浅茅野共同墓地に足を運んだこともなく、どこにあるのかさえ知らない状況でまったく問題意識を持っていないという状況でした。

3. 電凸によって、小さい村を脅かした、というふうに考えられていますでしょうか?

回答:美瑛町の場合もそうでしたが、事後の私への対応は感謝の意を込めたもので、脅されて何かを強要されたというものではありませんでした。

4. そういった皆さんは、なぜ「電凸」という行為をされるのでしょうか。民主主義社会は、相反する意見と、健全なディベートを尊重するのではないでしょうか?

回答:貴国の Walter Lippmann の著した Public Opinion (1922) は日本語にも『世論』(岩波文庫)として翻訳され、長く報道人の必読書とされております。彼は報道によって広く拡散した固定観念は、これを否定する新しい事実を前にしても、個人レベルそして公的レベルにおいても変更は困難だと警告しています。つまり多くの人々は一度形成されてしまったステレオタイプ思考から抜け出せないというものです。そのよい例は朝日新聞が報じた従軍慰安婦強制連行の捏造記事です。これはついに政府をも動かし河野談話にまで発展しました。しかし朝日が記事の誤りを認め、関連記事を取り消したにも関わらず、河野談話は放置され日本国の汚名は世界に広がったままです。

ステレオタイプ思考から抜け出せない具体的事例をいくつかあげてみましょう。先の東川町の朝鮮人強制連行被害者の町民を前にした挨拶、「仕事はきつかったが、おかげで米も買えたし、帰国して家も建てることができた」は多くの町民が聞いているにもかかわらず新聞記事になることはありませんでした。それどころか東川町は旭川市や東神楽町に呼びかけて〝朝鮮人強制連行感謝の碑〟さえ建てようとしていたのです。

米軍がビルマで捕らえた朝鮮人慰安婦20人から尋問した『1944年ビルマ米国報告書』（Truth about〝Comfort Women〟- U.S. Army Report in 1944）によれば、「食事や生活用品はそれほど切り詰められていたわけではなく、彼女らは金を多く持っていたので、欲しいものを買うことができた。兵士からの贈り物に加えて、衣服、靴、たばこ、化粧品を買うことができた」、「ビルマにいる間、彼女らは将兵とともにスポーツを楽しんだり、ピクニックや娯楽、夕食会に参加した。彼女らは蓄音機を持っており、町に買い物に出ることを許されていた」「慰安婦は客を断る特権を与えられていた」「（日本兵士が）結婚を申し込むケースが多くあり、現実に結婚に至ったケースもあった」、当時の雇用契約に関して「慰安所経営者と慰安婦の配分率は50％ずつだが、平均月収は１５００円（当時の下士官は15円前後）」と具体的数字をあげています。

小野田寛郎氏も漢口（武漢）での見聞を紹介し、「コチョ（伍長―下士官）かと思ったらヘイチョウ（兵長―兵士）か」（階級により値段が違う）、「精神決めてトットと上がれネタン（値段）は寝間でペンキョウ（勉強）する」など兵士を見下す半島出身者の大柄な態度を紹介しています。

さらに漢口での全軍の金銭出納帖を調べた結果、「三分の一が飲食費、三分の一が郵便貯金、三分の一が慰安所への支出だった。当時の兵の給料は一ヵ月平均13円程度で、その三分の一を四円として計算すると33万人で総額約１３２万円になる。零戦や隼といった戦闘機一機の価格は３万円と言われたが実に44機分にも相当する。」と呆れています。

また文玉珠元慰安婦は平成四年、日本の郵便局を訪れ２６１４５円の貯金を現在の価値に換算して利息を含めて支払うよう求めて訴訟を起こそうとしたが、〝強制連行された可哀相な性の奴隷〟が戦闘機を買えてしまうほどの預金をもっていたとあっては流石にまずいので関係団体があわてて訴訟を取り下げさせました。

こうした事実は一部のマスコミが取り上げる以外、多くのマスコミから無視され続けています。

「民主主義社会は、相反する意見と、健全なディベートを尊重するのではないでしょうか」とのお尋ねですが、Lippmann も指摘するようにむしろ、ステレオタイプ思考によって誤った観念が独り歩きし増幅さえされてしまいます。その誤りに気付いた者との「ディベートを尊重する」どころかこれを無視し徹底的排除に向かうというのが、慰安婦強制連行や朝鮮人強制連行、さらにはアイヌ先住民族国会決議（ブログ『そよ風』に金子札幌市議の会派追放問題を投稿してあります）などに対するマスコミの対応を見ても明らかです。時代のステレオタイプ思考に反する問題は、それが歴史的事実を踏まえたものであっても、貴紙を含め広くマスコミに取り上げられることはありません。さらにマスコミに悪く書かれて議席を失うことを恐れる政治家たちも関わろうとしないのが現実です。

電凸はステレオタイプ思考に陥ったマスコミが本来の機能を果たさなくなったことに焦燥を覚える庶民の声なのかもしれません。こうした行為はないにこしたことはありませんが、逆にこうした行為が表に出てくる社会はマスコミがその本来あるべき機能を失いつつある社会なのかもしれません。御社をはじめ各報道機関にあってはステレオタイプ思考から脱却して、世論に迎合することなく真実を伝える報道姿勢を強く望むものです。

5．この「電凸」が、短期的には功を奏したとしても、長期的には、日本人は、それを「いじめ」とみなしたり「ヘイトスピーチ」とみなしたりする、という心配をなさっていますでしょうか？

回答：猿払村への「そよ風」の呼びかけに応じた電凸が長期的に見て「いじめ」あるいは「へ

イトスピーチ」にあたるかどうかという、ご質問の意味を測りかねます。私は過去に世の中のステレオタイプ思考に逆らう文章（雑誌投稿や著書）を書いて、何度か無言電話で夜も眠らせてもらえないことがありました。実は東川町の朝鮮人強制連行感謝の碑にはじまって美瑛町のニセ人骨、さらには猿払村での一連の活動で、ついに自宅の固定電話は撤去のやむなきにいたりました。もしかすると、こういうのを貴殿がご懸念される「いじめ」というのでしょうか。

先にも述べましたが、猿払村の担当者は今回の電凸を「いじめ」とも「ヘイトスピーチ」とも受け取ってはおらず、むしろ情報提供あるいは励ましととらえて、法令にしたがった正しい措置ができたといっております。

以上、貴殿のご質問に対し誠意をもって回答いたします。

『困った地元紙掲示板』や『そよ風』にこのやり取りを紹介したところ、読者コメントで「マーティン・ファクラーって，あの有名なマーティン・ファクラーですか?・?・?・」という一文を見たので、Wikipediaで調べると、彼についてこんな記載があった。

2012年7月、双葉社から『「本当のこと」を伝えない日本の新聞』を上梓、3・11などの報道を通して、日本の新聞が抱える問題点や記者クラブ制度の問題点を指摘した。同年11月時点で、8万5000部が売れている。

ぜひ従軍慰安婦強制連行や朝鮮人強制連行、アイヌ先住民族についても、『「本当のこと」を伝えない日本の新聞パートⅡ』を書いてもらいたいと期待している。

その後ニューヨークタイムズ東京支局からは今回の私の回答を今後の記事に反映させたいという礼状がメールで届いたのを見て、返り討ちにしてはちょっと深手を負わせすぎたかと悔やんでもいる。

(四) ニューヨークタイムズ紙10月29日掲載記事に対する反論

ニューヨークタイムズ東京支局長、マーティン　ファクラー様

私（的場光昭）は、貴方が書かれた本年一〇月二九日付けの記事について以下のように反論します。

Pressure in Japan to Forget Sins of War

戦争の罪を忘れさせようとする日本国内の圧力

Martin Fackler
マーティン　ファクラー

SARUFUTSU, Japan — More than a half-century has passed since the postmaster in this seaside hamlet on the frigid, northern tip of Japan pulled aside a young man and shared a secret. Somewhere in the village, the old man confided, was a lost graveyard hiding Korean bones.

【日本、猿払発】
　日本北端にある海辺の寒村の郵便局長が、若者にある秘密をそっと打ち明けてから半世紀以上がたつ。彼が若者に打ち明けた秘密とはこの村のどこかに朝鮮人の骨を隠して埋めた墓地があるはずだ、ということであった。

It took years for Koichi Mizuguchi to grasp the significance of that utterance, and decades more to pry the grim truth from his tight-lipped neighbors: At least 80 Korean laborers died of abuse and malnutrition here as they built an airfield at the behest of the Japanese military during World War II. Eventually, Mr. Mizuguchi helped find the graves, and he and other residents began building a six-foot stone memorial at the site.

水口孝一氏にとってその発言の重要性を把握するのに年月を要し、その隣人の固く結ばれた口から冷酷な事実を聞き出すには何十年も要した。第二次大戦中日本陸軍の命令によって飛行場建設に携わった少なくとも八〇名の朝鮮人労働者が虐待と栄養失調で死んだ。水口氏は埋葬地発見に努め、彼と他の住民が現場に六フィートの慰霊碑建立を始めた。

＊反論　慰霊碑建立の中心となっているのは〝強制連行・強制労働犠牲者を考える北海道フォーラム〟である。そして同フォーラムの共同代表は蔡鴻哲（チェホンチョル）と殿平善彦と紹介されている。蔡鴻哲氏は朝鮮総連道本部副委員長、殿平善彦氏は深川一乗寺住職ながら寺の掲示板に共産党のポスターを貼ったことのある共産党シンパの真宗僧である。「彼と他の住民」などとして、背後の組織を敢えて伏せている。

A decade ago, a village trying to preserve the memory of its wartime sins might have gone unnoticed in Japan. But Sarufutsu's tiny village hall was inundated late last year with menacing phone calls denouncing residents as traitors. The campaign, orchestrated on the Internet, also called for a boycott of the village's scallop industry. Shaken, the mayor ordered a halt to construction of the monument.

十年前なら戦争犯罪の記憶をとどめようとしている小さな村は日本では顧みられていなかっただろう。しかし、猿払村の小さな村役場に昨年末、売国奴と非難する威嚇電話が殺到した。その運動はインターネット上で組織され、村の基幹産業であるホタテ産業の不買を呼びかけるサイトまで現れた。狼狽した村長は慰霊碑建立の中止を命じた。

＊反論　当時の村長である巽昭氏に11月4日朝、翻訳文をＦＡＸしたところ、午後になって巽氏ご自身から電話をいただいた。彼は電話を脅迫とも思っていなかったし、電話に屈して慰霊碑の除幕式に参加しなかったわけではない、とはっきり言っていた。そして、ニューヨークタイムズは取材中、何とか村長である自分が、右翼の脅しに屈服したように話を向けようとしたが、そうした事実がないとキッパリ話したにもかかわらず、このような記事を書かれてしまったことに呆れているということであった。なお私が翻訳文を送る少し前に封書で記事の翻訳文をニューヨークタイムズ紙から送られていたという。

Coming to terms with its militarist past has never been easy for Japan, which tried to set aside the issues raised by the war as it rebuilt itself into the peaceful, prosperous nation it is today. But pressure to erase the darker episodes of its wartime history has intensified recently with the rise of a small, aggressive online movement seeking to intimidate those like Mr. Mizuguchi who believe the country must never forget.

　軍国主義の過去と折り合いをつけることは、平和を再建し繁栄した国家である今日の日本にとって簡単なことではなく、戦争によって引き起こされたこの問題は置き去りにされた。

しかし戦時中の暗い出来事を消し去ろうという圧力は最近になって少数ながらも強まって、この問題を国家は忘れてはならないと主張する水口氏のような人に対して、攻撃的な脅迫をしかける。

＊反論　日本の敗戦に伴う対外的責務は、国交回復時における当該国との条約によってすべて解決済みである。〝朝鮮人強制連行〟そしてここから派生した〝従軍慰安婦強制連行〟はすべて捏造である。慰安婦についてはすでに朝日新聞がその捏造を認めている。

北海道新聞は〝朝鮮人強制連行〟について興味深い特集をおこなっていた。それは先の〝強制連行・強制労働犠牲者を考える北海道フォーラム〟が注目した、北海道沼田町の炭鉱に強制連行され死亡したとされる呉一相（オイルサン、一九四四年五月十六日肺炎で死亡、享年三十九歳）についての記事である。当初北海道新聞は平成二十五年八月十六日朝刊において、「戦時徴用か　沼田に遺骨」の見出しの下に、同フォーラムの共同代表蔡鴻哲氏の「昭和炭鉱には44年ごろ、多数の強制連行・強制労働の朝鮮人がおり、呉さんもその一人と考えられる」というコメントをのせていた。私がこの記事について、朝鮮半島で強制性を伴う徴用が行われたのは一九四四年九月以降であり、呉氏は該当しないことを指摘し、その後、北海道新聞が紹介した、同フォーラムが行った美瑛町の発掘調査および慰霊祭について、発掘された人骨や墓穴がニセ物であった事実、さらには蔡鴻哲なる人物が朝鮮総連道本部副委員長であることの問題性を、公開質問状で質したところ、以後の報道では「徴用」「強制連行」の言葉は使用せず「動員」という表現になった。また同フォーラムの蔡鴻哲氏については朝鮮総連道本部副委員長の肩書きを抜いて報道するようになった。

今年になって北海道新聞は、呉一相氏の遺骨に関して、平成二十六年十月七日朝刊から四回にわたって「遺骨は何をかたるか」というシリーズを組んだ。

同記事が明らかにした事実を以下箇条書きにする。

①彼は一九三九年干ばつ飢饉に見舞われた慶尚北道で募集に応じた。

②呉氏と妻子の一家六人はパラオに移住した。

③二年後の一九四一年には横浜へ移り、ここで長男が生まれている。

④その後、呉氏は家族を半島へ帰して、単身で空知管内沼田町の明治鉱業昭和鉱業所（昭和炭鉱）へ移動する。

⑤韓国の政府機関に残る昭和炭鉱の給料明細によると、月八〇円〜一四〇円が支給されている（総支給額で内地日本人がもらう給与とほぼ同等、当時の巡査の給与が十五円）。

⑥一九四四年五月十六日肺炎で死亡。

呉氏は強制連行どころか飢饉に見舞われた慶尚北道から、家族を養うために募集に応じ、パラオへ移動し妻と五人の家族にとって十分な生活費を蓄え横浜に移って長男が生まれ、さらに給与の良い炭鉱へ働きに出て、残念ながら肺炎に倒れたことを、一連の記事は明らかにしている。また記事や他の文献では募集に応募できる者は日本語が話せることや真面目な性格などが要求され、誰でも採用されるというものではなかった。

ところが、この同じ事例（慶尚北道の募集）について、朝鮮大学校教師朴慶植が著わした『朝鮮人強制連行の記録』（未来社）で確認すると、「一九三九年の連行は石炭山、金属山、土建業などに許可され、九月中旬から一〇月下旬にかけて事業主の代理人が南朝鮮の七道の地域（京畿道、忠清南北道、全羅南北道、慶尚南北道）に出張し、割当人員の狩りたてにつとめた」となっている。さらに同書に掲載されている「表4　朝鮮人徴用労働者強制連行状況」によると、同氏は一九四〇年に南洋へ「強制連行」された八一四人のうちの一人ということになる。同書は朝鮮人強制連行という言葉をでっち上げた悪名高い本であり、その後この言葉は反日勢力やマスコミに踏襲され、中国人強制連行や吉田清治と朝日新聞の合作である「慰安婦狩り」や「従軍慰安婦強制連行」という言葉すら生むに至っている。朴慶植が教師をしていた朝鮮大学校は拉致をはじめとするさまざまな対日工作機関であるということは、御貴殿もご存知であろう。

ここまで書けば、頭脳明晰の誉れが高い御貴殿のことであり、敢えてことあげすることもないことであろうが、〝朝鮮人強制連行〟宣伝は北朝鮮によって行われた日韓離間工作の一つなのである。日本の統治によって大規模な水力発電所や鉱工業が発達して豊かであった現在の北朝鮮には「募集」に応じる人員も、また必要もなかった。これに対して貧しい農村地帯であり、しかも干ばつに見舞われた現在の韓国では多くの人々が日本内地への出稼ぎを希望していた。なぜ、北朝鮮工作機関の朝鮮大学校教員がこのような捏造本を書いて、募集に応じた韓国人を日本帝国主義の犠牲者に仕立て上げなければならなかったのか、を考えていただきたい。そして強制連行や従軍慰安婦強制連行で熱心に政府を糾弾していた国内勢力が、共産党や旧社会党系の人々であり、招かれて中共の人民解放軍や北朝鮮軍の観閲式に出席しながら、日本の自衛隊を違憲といって攻撃してきた人々であることを思い出してほしい。御貴殿はまだお若いのでご存知ないかもしれないが、現在の社民党や多くの古参民主党議員の出身母体である社会党の浅沼稲次郎委員長などは、中国で「米帝は日中共通の敵である」と公言した人物ですらあったのだ。

私の父や叔父たちも先の戦争に参加し、実際に戦闘を経験していたが、彼らは日本国のために戦ったことに密かな矜りをもっていたし、周囲のものたちも彼らに対して尊敬の念を示していた。「戦争中の暗い出来事」こそは戦勝国である貴国のGHQ民間情報教育局（CIE）編集の「真相箱」というラジオ放送をはじめとした war guilt information program（戦争についての罪悪感を日本人の心に植え付けるための宣伝計画）の一環であり、GHQに潜入していたE・H・ノーマンらコミンテルンのスパイの策動によって優遇され大学教授をはじめ様々な公職に付いた共産主義者たちによって作り上げられたものである。なおノーマンがソ連のスパイであったことは、イギリスの諜報機関の機密文書の公開によって証明されている（産経新聞平成二十六年七月二十七日記事参照）。

Known collectively as the Net Right, these loosely organized cyberactivists were once dismissed as radicals on the far margins of the Japanese political landscape. But they have gained outsize influence with the rise of Prime Minister Shinzo Abe8's conservative government, which shares their goal of ending negative portrayals of Japan's history, and with the acquiescence of a society too uninterested or scared to speak out.

ネトウヨ（ネット右翼）と総称され、ゆるく結びついているネット上の活動家は、その過激さによってかつて日本の政治風景のはるか辺縁に位置していた。しかし安倍晋三総理という保守政権誕生の影響を得て、日本史の否定的叙述を終わらせる目的を共有し、あまりにも無関心、そして発言することに怯え黙認する社会に力を得ている。

＊反論　戦後先にあげた占領政策によって、特に教育とマスコミは著しく歪められた。特に文化人といわれる人々にあっては朝日新聞に高く評価されることがその地位を保持する重要な条件となってしまい、日本の言論空間は極端に狭められたものとなっていった。つまり朝日新聞が書く記事に反論することはとりもなおさず、言論人としての職を失うことにすらなってしまったのである。こうした動きは地方紙へも波及し、日本の言論は一部の保守思想家を除いて極端に偏向したものとなってしまったのである。御貴殿が指摘するように「発言することに怯え黙認する社会」は朝日を中心とする左翼メディアに寄生する言論人たちが作ろうとしたものであって、実際の生活者たちの多くは教職員組合やマスコミが扇動するあや

まった歴史観や価値観とは一線を画して、常識的に家庭内で子供たちを躾てきたのである。度重なる災害に対する被災者やこれを支援する日本人の、秩序・勇気・使命感といった姿勢をみれば、そのことは一目瞭然であろう。韓国のフェリー遭難で明らかになった、韓国人に欠除する秩序・勇気・使命感が日本人に備わっていることを憎んでやまない朝日新聞は、ついに東京電力の吉田証言に対する捏造記事まで書くにいたったのである。

父祖の勇気と誠実を信じ、反日的マスコミの跋扈に眉を顰め沈黙を守ってきた多くの日本人に、今ようやく自らの心情を明らかにする場が与えられたということであり、御貴殿の見解は本末転倒というべきものである。

"I don't blame the mayor for giving in," said Mr. Mizuguchi, 79, an architect who guided a visitor to the site of the old airfield using a hand-drawn map. "I blame the rest of Japan for not speaking out to support us."

「私は村長が屈服したことを咎めません」と水口氏（七九歳、建築家）は手書きの地図をもとに飛行場跡に訪問者を案内した。「私は我々を支援するために発言しないその他の日本の人びとを咎める」。

＊反論　巽昭元村長の名誉のために繰り返すが、公有地に許可なく構築物を建てる違法行為を許さなかっただけであるとして、度重なる誘導にもかかわらず、本人は一度も屈服とは言っ

ていないとのことであった。もし水口氏が本当にこのような発言をしたとすればの話ではあるが、そもそも韓国や北朝鮮の工作機関の手先になって違法構築物を立てておきながら、盗人たけだけしいとはまさにこのことであろう。

Scholars say the Net Right has no more than a few thousand active members, many of them from Japan's growing ranks of contract workers who have been unable to find coveted lifetime jobs. But these extremists have benefited from a broader upwelling of frustration among young Japanese over their nation's long economic and political stagnation.

研究者は次のように指摘する。ネット右翼の活動的メンバーはわずかに千人程度でしかない。多くは望むべき生涯の仕事を見いだせない、日本で増え続ける契約社員階級だ。しかしこの過激派は、長期にわたる経済的、政治的停滞に不満を噴出させている日本の若者から力を得ている。

＊反論　私の知る限り、いまこうしたブログを熱心に見ている人には定年退職者や会社経営者、さらには医師や弁護士、一般家庭の主婦、公務員など実に幅広い社会層に受け入れられている。朝日新聞に寄生するようなサヨク研究者は朝日新聞同様に、いわば〝井の中の蛙、大海を知らず〟で自分の周りで起こっている社会的変化に気づかないのだろう。

The activists blame a crippling lack of national pride, arguing that Japan・s self-confidence has been sapped by 70 years of unfair portrayals as the villain in the war by the United States and others who ignore their own wartime crimes, including the atomic bombings of Hiroshima and Nagasaki.

こうした活動家たちは、広島や長崎に原爆を投下したことなど、みずからあの戦争で犯した罪には目をつむる米国やそのほかの国々によって　日本の自信は七〇年にわたる悪役という不公正な歴史解釈によって蝕まれ続け、日本の国家としての誇りはひどく傷つけられたと非難する。

＊反論　東京大空襲や原爆投下は非戦闘員を大量殺戮するという戦争犯罪そのものであった。その戦争犯罪を糊塗するために米国は同盟国を装いながら、一方で中国や朝鮮半島勢力と協調して執拗に日本を非難し、日本人の矜りを傷つけてきたという側面は確かにある。

"We are tired of Japan being constantly told to apologize," said Kazuya Kyomoto, 26, a popular blogger among conservative youth who condemned monuments like the one in Sarufutsu for promoting a "masochistic" view of Japanese history. He said just a few overzealous extremists used intimidation tactics.

日本の自虐史観を促進するような、たとえば猿払の慰霊碑などを批判的に見ている保守的若者の間で人気のブログKZUYA Channelを公開している京本和也氏（二六歳）は、「我々は日本が常に謝罪するように言われているのに倦んでいる」という。あまりに熱心な過激派が威嚇戦術を用いたと彼はいう。

Mr. Kyomoto and others said their resentment was fueled in part by intensifying disputes over history and territory with China and South Korea, two victims of Japan' s early-20th-century empire-building that now seem to be eclipsing it economically. " The Net Right gives voice to Japan' s worries about its own decline," said Shojiro Sakaguchi, a scholar at Hitotsubashi University in Tokyo.

京本氏や他の人々はいう。彼らの憤りは、高まる歴史論争と、二〇世紀前半日本帝国建設の犠牲になり、今や経済的に日本を凌駕しようとするまでに発展しているようにみえる中国や韓国との間の領土問題とに焚き付けられている。これについて一橋大学の阪口正二郎教授は「ネット右翼は、国家の衰退に対する日本国民の懸念の表れだ」という。

＊反論　中国の経済発展はもはや砂上の楼閣であり、韓国経済も危殆に瀕していることを知らぬ「ネット右翼」はいない。阪口氏がこう言ったというのであれば仕方がないが、謬見というほかあるまい。

The extremists, who organize on ultranationalist websites and sometimes target ethnic Koreans in Japan with racist hate speech, hold more sway than before in part because of the collapse of Japan･ s left-leaning political opposition, which is in disarray after a resounding election defeat two years ago and an unsuccessful stint in power.

ウェブサイトの国粋主義者であるこうした過激派は、時には在日朝鮮人を標的に人種差別的ヘイトスピーチをしたり、さらには、二年前の選挙の敗北とこの期間の党運営の失敗によって混乱状態にある日本の左派政党によって、さらに影響力を増している。

Mr. Abe･ s government has been criticized for being slow to distance itself from the Net Right. Last month, a photograph surfaced of Eriko Yamatani, the cabinet member in charge of national law enforcement, with a prominent member of the biggest online extremist group, the Zaitokukai, but the government has remained largely silent on the issue.

安倍内閣はなかなかネット右翼と距離を置かないと批判され続けてきた。先月には山谷えり子国家公安委員長が在特会幹部と一緒に写真撮影していた問題が浮上したが、政府はこの問題について沈黙したままだ。

Mr. Sakaguchi and other experts say one result has been a shift in Japanese political culture that has emboldened the ultranationalists to target even acts of historical contrition that Japanese society previously embraced.

日本の政治的変化（安倍政権誕生と左派野党の衰退）の結果として、日本社会が以前から抱きしめていた歴史的悔恨を標的にした国粋主義者を勇気づけていると、阪口氏等の専門家はいう。

In July, for example, the government of Gunma Prefecture, north of Tokyo, decided to remove a decade-old monument to Korean forced laborers from a public park after angry phone calls and protests. A similar campaign led the city of Nagasaki, long a bastion of antiwar sentiment, to delay approval of a cenotaph to Korean laborers who perished in the 1945 atomic bombing. The monument was supposed to be unveiled in April.

例えば、今年七月、東京の北にある群馬県は、怒りの電話や手紙を受けて、建立後十年を経た、朝鮮人強制労働の記念碑を公園から撤去することを決定した。同様の運動は、長く反戦思想の砦だった長崎でも行われ、一九四五年の原爆による朝鮮人犠牲者の記念碑建立認可を遅らせた。記念碑は四月に除幕式を迎えることになっていた。

＊反論　これはネット右翼の脅迫によって、撤去させられるのではなく、公園に建てられた

記念碑を政治目的に使用してはならぬという規約違反を続けたための撤去命令であった。

"Since Mr. Abe became prime minister, everything has become so emotional and reactionary," said Yasuhito Maeda, 90, a former deputy mayor of Sarufutsu who wrote a book published two decades ago that detailed the use of forced laborers from Korea and Japanese convicts to build the wartime Asajino airfield here. "When I looked into Asajino, not even conservatives disputed that coercion had been used."

「安倍氏が総理大臣になって以来、すべてが感情的で反動的になっている」と前田保仁（九〇歳）元猿払村助役はいう。彼は、戦時中、浅茅野飛行場建設に動員された朝鮮人強制労働者や日本の囚人について詳述した一冊の本を二〇年前に出版している。「私が浅茅野を調べたころ、保守派ですら強制労働を否定しなかった」、と彼はいう。

＊反論　何度も繰り返すが、強制性を伴う徴用が朝鮮半島に実施されたのは、浅茅野飛行場が完成した後のことである。

Officials in this village of 2,400 on the island of Hokkaido said that no more than 100 people were behind the calls that tied up their phone lines. But Akira Tatsumi, the mayor at the time, said accusations of treason — in part stemming from the fact that the village accepted money from the South Korean government to build the monument — had finally led him to give in.

"This isn't a fight that one small village can wage alone," Mr. Tatsumi said.

北海道にある人口二四〇〇人の村の発表では、百人程度が連携して電話をしてきたという。当時村長であった巽昭氏は、村が韓国政府から慰霊碑建立資金をうけたという事実に由来する反逆という非難は、ついに彼を屈服させたという。

「この問題は、一つの小さな村が単独で戦えるものではない」と巽氏は語った。

＊反論　この問題について私は村の担当職員と直接電話で話をしたが、職員は浅茅野墓地の所在地すら知らなかったし、こうした動きがあることも知らなかった。韓国側は村に資金を提供したと発表したが、巽昭元村長に直接聞いたところ、慰霊碑建立に村は一切かかわっていなかったという。一部の村人がそう言ったのであって、まったく事実に反するとのことであった。また、インタービューに際して、何とか自分から屈服という言葉を引き出そうと繰り返し誘いをかけられたが、自分は屈服という言葉を使っていないし、電凸と戦うということも言っていない。むしろ韓国や朝鮮総連を巻き込んだこうした動きに対して、一村としての対応が難しいと述べたということであった。

Few, if any, of the activists used their real names on the websites that organized the phone calls. But one, Mitsuaki Matoba, agreed to be interviewed by email, describing himself as a 60-year-old doctor in Hokkaido. He defended the Net Right・s pressure tactics, saying it was the only way to make themselves heard over mainstream media outlets that repeat falsehoods about Japan・s wartime actions.

　電凸をおこなった活動家たちはウェブサイト上ではほとんど実名を使用していない。しかし、北海道の医師である的場光昭（六〇歳）は電子メールでのインターヴューに応じた。彼はネット右翼の戦術を以下のように擁護した。日本の戦時中の行動に関する虚偽を繰り返す主要メディアに、彼らの主張を聞いてもらうための唯一の方法だという。

＊反論　私に関する限り「電凸を行った活動家」という表現は当たらない。何より実際に現場へ足を運んで確認したうえで、問題点を村の担当者にＦＡＸで送付し、情報提供に関する謝意まで受けているのである。今回の巽昭元村長も十分そのことは理解しておられた。

　私が電凸を擁護したという理解はさらに当たらない。御貴殿の私に対する質問〝そういった皆さんは、なぜ「電凸」という行為をされるのでしょうか。民主主義社会は、相反する意見と、健全なディベートを尊重するのではないでしょうか？〟に対して私は貴国のWalter Lippmann の著したPublic Opinion（1922）、邦訳『世論』（岩波文庫）に書かれているステレオタイプ思考の弊害をあげて、結論として「電凸はステレオタイプ思考に陥ったマスコミが本来の機能を果たさなくなったことに焦燥を覚える庶民の声なのかもしれません。こうした行為はないにこしたことはありませんが、逆にこうした行為が表に出てくる社会はマスコミがその本来あるべき機能を失いつつある社会なのかもしれません。御社をはじめ各報道機関にあってはステレオタイプ思考から脱却して、世論に迎合することなく真実を伝える報道姿勢を強く望むものです」と、しっかりと、ないに越したことはないと書き、むしろマスコミの報道姿勢を批判したものである。

このたびの貴紙の記事には、私がお伝えしたあれだけの事実を前にしても、貴殿がいまだに「ステレオタイプ思考から脱却して」いないことがよく現れている。「ステレオタイプ思考からの脱却」は私の忠告ではない。貴国の大先輩が著したマスコミ人のバイブルとまで評価されている Public Opinion に記されている忠告であることに心されたい。

Like those who called Sarufutsu's village hall, he objected to the term " forced laborers" to describe the Koreans. " To say they were 'coerced' is a fabrication, " he wrote. " If Koreans were involved in the construction of the airfield, they came of their own free will."

猿払村役場に電凸した人々のように、彼は朝鮮人を「強制労働」と記載することに反対した。朝鮮人が強制的に飛行場建設に動員されたというのは捏造であり、彼らは自由意志で来たのだ、と彼はいう。

＊反論　私を電凸右翼と同列にして、私が主張する史実への信頼性を損ねる意図が見える文章である。「猿払村役場に電凸した人々のように、」は削除してもらいたい。

Mainstream historians say that as many as 700,000 Koreans were rounded up and forced to work in wartime Japan. Mr. Maeda said there was little doubt the Koreans buried in Sarufutsu were among them, noting that villagers have described hundreds of Koreans being held in windowless, prisonlike barracks. Many of the Koreans tried to escape, he added, and were captured and beaten.

　主だった歴史家たちは、戦時中七十万の朝鮮人が狩り集められ強制労働させられたと指摘する。前田氏は　猿払に埋められた朝鮮人について、村人の記録には何百人もの朝鮮人が窓のない刑務所のような部屋に入れられた。多くの朝鮮人は逃げようとしたが捕まって打たれた。

＊反論　外務省は昭和三十四年七月、在日朝鮮人の実態について調査した結果を発表している。それによると、第二次大戦前の昭和十四年末、日本内地に居住していた朝鮮人は百万人だったが、二十年の終戦直前には二百万人に増えている。増えた百万人のうち、七十万人は朝鮮半島から日本内地に職を求めて来た渡航者と出生による自然増加で、残り三十万人の大部分は鉱工業や土木工事などの募集に応じて自主的に契約した人たちで、強制性を伴う国民

徴用令による戦時徴用者、彼らがいうところの強制連行はごく少数（三五〇一六名）だったことが明らかになっている。

朝日新聞ご用達の学者たちの意見を鵜呑みにすると、このような大恥を記事に書いてしまうのである。

また、「朝鮮人が狩り集められ」という表現は、朴慶植の『朝鮮人強制連行の記録』の記載を踏襲するものであることから、こうした歴史家たちが依拠する歴史観がどういうものであるかが知れようというものである。

After its defeat, the Japanese Army hastily burned records to eliminate evidence of war crimes. But Mr. Maeda said a document found in a village safe listed the names of 82 Korean workers, all in their 20s and 30s, who died during construction of the airfield. Most perished from typhus and other diseases that indicate poor sanitation, malnutrition and harsh work conditions.

敗戦後、日本陸軍は急いで戦争犯罪の証拠を消すために記録を燃やした。しかし、前田氏は、飛行場建設中に亡くなった二〇から三〇歳代の八十二人の名簿を村の金庫から発見したという。ほとんどがチフスや不衛生や低栄養そして過酷な労働からくるところの病気で死んだ。

＊反論　こうした朝鮮人労働者の募集は、政府が許可し、民間企業によって行われたため各

地の民間企業には当時の資料がよく保存されている。特に朝鮮人労働者について、政府が実態を隠そうとした事実はない。

Mr. Mizuguchi, the architect who first heard about the Koreans from the village postmaster, helped organize three excavations of the grave site from 2006 to 2010. Hundreds of Japanese and South Korean researchers and volunteers participated, finding 38 sets of remains.

村の郵便局長から最初に朝鮮人について聞いた建築家の水口氏は、日本人と朝鮮人の研究者およびボランティアが参加する、二〇〇六年から二〇一〇年の間に、三回にわたる墓地敷地の発掘調査を手助けし、三十八体分の遺骨を発見した。

＊反論　公開されている彼らの調査報告をみると、発掘された遺骨の歯にタバコのヤニが付いている、重労働で背骨が不自然に曲がっているなど不自然なものである。法医学者の見解によれば埋葬され、年月を経た歯は白色または淡いピンクであり、タバコのヤニが残ることはないという。まして、当時タバコは貴重品である。「強制労働」させられた朝鮮人がなぜ煙管を持ち歯にヤニが付くほどタバコを吸っていたのか、不思議だと思わないのか。さらに、成人男性の背骨が二年程度の重労働で不自然に曲がることはない。これはおそらく老人、しかも女性の背骨であろう。

また当時は薪で荼毘に付す火葬であり、焼きあがらず砕いて骨箱に入れることができない、長管骨や骨盤、背骨などは火葬場にまとめておいて、ある程度たまると火葬場の敷地に穴を掘って埋めて供養するということが行われていた。私の記憶でも昭和四十年ころまで北海道愛別町中愛別の火葬場で赤錆びたドラム缶に骨盤や大腿骨、肩甲骨に付いたままの上腕骨が入っているのを見たことがある。同様のことは比布町、中富良野町、芦別市の住民からも聞き取り確認している。またこうした骨は火葬に用いた薪の灰と一緒に埋められるため、灰のアルカリ成分に守られて地中に溶出することなく保存される。したがって彼らの行為は発掘ではなく、墓荒らしといっても過言ではないし、そこで発見された人骨は朝鮮人のものとは断定できない。

On a recent visit to the site, now a bucolic vista of dairy farms, he said he had not given up on building the monument.

"These outsiders are trying to intimidate us into closing our eyes again," he said, standing next to excavated graves covered with blue plastic tarps. "We cannot let them prevent us from finding closure."

最近訪問した際に、酪農業の牧歌的な見晴らしのなかで、彼は慰霊碑建立を決して諦めないと語った。

彼は掘り出して撤去させられ、ブルーシートに覆われた慰霊碑のそばに立って、「外部者が我々を威嚇して我々を諦めさせようとしても、彼らは我々の運動が終わるのを見届けることはできないだろう」と語った。

＊反論　今回の一連の騒動を仕掛けた組織こそが、韓国政府機関である「対日抗争期強制動員被害調査および国外強制動員犠牲者支援委員会」であり朝鮮総連などの外部者である。巽昭元村長をはじめ多くの村民は、村にこうした政治的問題を持ち込んでほしくないと願っているのである。

以上、御貴殿の記事に関して、些かの考察と反論を書きました。

一度、記事にされたことを訂正するのは、御貴殿としてもはなはだプライドが傷つくことと存じ上げますが、私はむしろ誤った記事を書いたことが分かった時には、これを直ちに訂正することこそ、マスコミ人としての矜持というものだろいうと考えております。

また、直接的に訂正されなくとも、かつて北海道新聞が私の指摘を受けて徐々にその論調や用語を変えたように、御貴殿が今般私の指摘した内容に留意されて参考になさりながら、関連記事をお書きになることを切望するものであります。

末尾になりましたが、御社のご発展と御貴殿の益々の御大成をお祈り申し上げ、擱筆いたします。

平成二十六年十一月五日
北海道旭川市　的場　光昭

七　私的に建立される強制連行追悼碑

（一）芦別市秀岳寺の追悼碑

猿払村の碑文は残念ながら内容を知ることができなかったが、その手がかりが芦別市の曹洞宗秀岳寺にある。平成二十五年八月同フォーラムが中心となって建立した追悼碑だ。碑文を紹介する。

　アジア太平洋戦争中、日本は朝鮮半島から七〇万人もの朝鮮人を日本国内に強制的に連行し、炭鉱や土木工事などに従事させた。

三井芦別炭鉱に連行された朝鮮人は二千人に上る。彼らは重労働を強いられ、芦別川河畔に建てられた八棟の協和寮で窮乏生活をおくった。多くの犠牲者があったが、丁寧に葬られることもなく、河川敷に密かに埋葬された犠牲者もあった。慚愧の念に絶え《ママ》ない。

二〇一二年八月二十四日、芦別川河畔に、日本、韓国などから一六〇人の老若男女が集い、犠牲者を求めて発掘調査をおこなった。四日間の発掘で、遺骨は発掘できず、埋葬跡とみられる穴のみを発見した。度重なる氾濫で、おそらく遺体はながされたのだろう。

遺骨には巡りあえなかったが、参加者は犠牲者に思いを寄せると共に、国境や民族を越えて友情を深め合うことができた。再び過ちを繰り返さないことを誓い、ここに犠牲者追悼の碑を建立する。

二〇一三年八月二十一日

芦別川河畔強制連行犠牲者遺骨発掘調査実行委員会
東アジアの平和のための共動ワークショップ一同

いかがであろうか、遺骨があろうがなかろうが何が何でも追悼碑を建てて強制連行を石に刻もうという執念がよく表れた碑文である。「度重なる氾濫で」遺体が流されてどうして墓穴が残るというのだろうか。彼らが石に刻んだのは実に強制連行の事実ではなく、現れた嘘も平気で石に刻み未来へ残そうという彼らの本性に他ならない。

外務省は昭和三十四年七月、在日朝鮮人の実態について調査した結果を発表している。それによると、第二次大戦前の昭和十四年末、日本内地に居住していた朝鮮人は百万人だったが、二十年の終戦直前には二百万人に増えている。増えた百万人のうち、七十万人は朝鮮半島から日本内地に職を求めて来た渡航者と出生による自然増加で、残り三十万人の大部分は鉱工業や土木工事などの募集に応じて自主的に契約した人たちで、強制性を伴う国民徴用令

芦別秀岳寺の追悼碑

（朝鮮半島では十九年九月から実施）による戦時徴用者、彼らがいうところの強制連行はごく少数（三五〇一六名）だったことが明らかになっている。

追悼碑に刻まれた「七〇万人」は外務省の公式資料ではっきりと「朝鮮半島から日本内地に職を求めて来た渡航者と出生による自然増加」となっているではないか。

先にも触れたが、戦前から芦別の炭鉱で朝鮮人と一緒に働いていたという老人に話を聞く機会があったが、朝鮮人労働者にも自分たちと同じ賃金が支払われ、遊郭に遊びに行くこともよくあったという。

さらにこの追悼碑の横にはこれより先に建てられた慰霊塔があるが、その碑文も紹介する。

（二）芦別炭鉱内外殉職者物故者慰霊塔

碑文

秀岳寺は西芦別（三井芦別炭鉱）にて、創立一世小島良善師が昭和十六年三井鉱業所協力のもとに創立した寺院である。

曹洞宗寺院として只一ケ寺、他宗の活動も未だない地域で布教教化を広めこの間、壇信徒は勿論、炭鉱内外職員、従業員並びに韓国、朝鮮、中国等の強制労働者およびタコ部屋労働者、受難者、炭鉱に係わる有縁無縁の霊を供養し又、遺骨を預かり懇ろに慰霊していたものである。

第二世小島良秀に至り

昭和五十二年第二次大戦（太平洋戦争）終戦より三十三回忌を迎えて、預かっていた多数の遺骨を東頼城町にて合祀埋葬したが、その後昭和六十二年寺の移転と共に、この地に石塔と全部の遺骨を移動したものである。

戦争と人権じゅうりんの災禍を二度と繰り返さぬよう祈念し供養するものである。

願わくはこの功徳をもって普く一切に及ぼし我らと衆生と皆共に佛道を成ぜんことを

合掌

（三）沖縄県読谷村の「恨の碑」

沖縄県読谷村には、平成十八年、公園に隣接した私有地に「恨《はん》の碑」が建てられ、以来毎年、韓国から団体を招いて反日的な式典が行われ、地元政治家の活動拠点の一つにもなっているという。実際の現場は確認していないが、インターネット上に公開されている、いくつかある碑文のうちの一つを紹介する。

碑文

この島はなぜ寡黙になってしまったのか
なぜ語ろうとしないのか
女たちの悲しみを
朝鮮半島の兄姉たちのことを
引き裂かれ、連行された兄たち
灼熱の船底で息絶え
沖縄のこの地で手足をもぎ取られ
魂を踏みにじられた兄たちよ
戦が終り、時がたっても
この島から軍靴の音が絶えることはない

奪われた土地は、消えた村、女たちの悲鳴は続き
人々の心は乾いたままだ
兄たちよ
未だ供養されず石灰岩の裂け目に埋もれる骨、骨、骨
故郷の土饅頭に帰ることもかなわない
兄たちよ
私たち沖縄人は
未だ軍靴に踏みにじられたままの
兄姉たちの魂に　深く頭を垂れる
日本軍の性奴隷として踏みにじられた姉たち
軍夫として犠牲になった兄たちに深く頭を垂れる
やがて固く結んだ鳳仙花の種が弾け
相互の海を越えて花咲くことを信じて
兄姉よ、貴方達の辿った苦難を語り継ぎ
地球上から戦争と軍隊を根絶することを
この地に果てた兄姉の魂に　私たちは誓う

公有地に立てられる反日的な石碑に関しては言論をもって対応し、これを阻止・撤去することも可能であるが、芦別市の秀岳寺や読谷村に建てられた「恨之碑」などは、碑文の内容がいかに史実に反したものであっても、撤去を求めるなどの具体的対処は難しい。

猿払村の石碑についても、同フォーラムに協力的な寺の境内や私有地に再建される可能性があり、今後とも注視する必要がある。

八　呉一相の真実— 北海道新聞記事から読み取る〝強制連行〟の実態

〝朴慶植『朝鮮人強制連行の記録』のウソを暴く重要証拠〟

戦時中朝鮮半島から日本へ強制連行されたという呉一上（後に呉一相）氏に関する一連の道新記事によって、奇しくも〝朝鮮人強制連行〟延いては〝慰安婦強制連行〟の生みの親である朴慶植の『朝鮮人強制連行の記録』のウソが見事に暴かれている。

呉一相氏に関する一連の記事を検証してゆこう。

平成二十五年八月十六日朝刊二八頁

戦時徴用か　沼田に遺骨

市民団体　韓国の遺族に返還へ

【沼田】戦時下に北海道に動員されて死亡した朝鮮半島出身者の遺骨の多くが未返還となっている問題で、空知管内沼田町の寺に無縁仏として安置されていた遺骨の一つが、同町の炭鉱で働き終戦間際に死亡した朝鮮半島出身者の男性のものであることが分かった。市民団体「強制連行・強制労働犠牲者を考える北海道フォーラム」（札幌）が8月上旬、男性の本籍地である韓国の政府機関を通じ、確認した。今後、韓国の遺族に返還する方針。

同フォーラムによると、遺骨の男性は現在の韓国南東部・慶尚北道出身の呉一上《オイルサン》さん。１９６９年に閉山した沼田町の明治鉱業昭和鉱業所（昭和炭鉱）で働き、44年（昭和19年）５月に39歳で急性肺炎により死亡したとされる。昭和炭鉱での就労時期や、労働と死亡との因果関係は分かっていない。ただ、同フォーラム共同代表の蔡鴻哲《チェホンチュル》さん（60）＝苫小牧市＝は「昭和炭鉱には44年ごろ、多数の強制連行・強制労働の朝鮮人がおり、呉さんもその一人と考えられる」と話している。同フォーラムは、遺骨を安置していた永徳寺（沼田町）の住職の依頼を受け、７月に調査を開始。遺骨を納めた木箱には、没年月日のほか「山本一相」という日本名が書かれていた。

民間の研究者が市町村の埋葬許可証などに基づき「強制連行死亡者名簿」として独自に作成した資料に同名の人物の記載があり、死因などのほか、韓国の本籍地も判明。これを手がかりに同国の政府機関に照会したところ、没年月日や日本名が一致する戸籍が見つかり、遺骨が呉さんと確認できたという。

同フォーラムは戦時下に動員された朝鮮半島出身者の遺骨返還を目的に２００３年に発足。これまでに呉さんを含め道内で１６３体を捜し出し、うち４体を遺族に返している。道が公表した調査報告書によると、道内に強制連行された朝鮮半島出身者は推計14万５千人とされる。うち労働中の死亡が確認できたのは２千人という。

同フォーラムは20日午後３時から、上川管内東川町の旧江卸発電所工事で強制労働させられたとされる朝鮮半島出身者の追悼法要を行う。問い合わせは同フォーラムの殿平善彦共同代表☎0164・27・2359へ。

敢えて全文を引用したが、この記事には何と強制連行や強制労働など「強制」が7回も使用されている。おまけに史実を全く無視した「戦時徴用」である。北海道新聞への公開質問状でもこの記事の誤りについて指摘してあるので詳述は避けるが、昭和十九年五月に死亡したことまで明らかになっており戦時徴用では断じてない。

以下この〝戦時徴用された〟呉一上（後に呉一相）氏に関する道新の記述がどのように変化してゆくか注目してほしい。

平成二十六年七月二十二日朝刊三二頁

沼田の炭鉱で客死　朝鮮出身男性
遺骨　遺族と対面へ
70年ぶり　韓国の娘ら26日来日

【沼田】太平洋戦争中の1944年（昭和19年）、空知管内沼田町の炭鉱で働き病死したとみられる朝鮮人出身男性の遺骨を引き取るため、男性の娘ら韓国在住の遺族が26日来日し、遺骨を保管している同町の寺を訪れる。遺骨は長い間、無縁仏として扱われていたが、昨年、市民団体の調査で身元が判明した。男性の遺族は、70年越しの「対面」を心待ちにしている。
遺骨を調査した市民団体「強制連行・強制労働犠牲者を考える北海道フォーラム」(札幌)によると、男性は、現在の韓国南東部の慶尚北道出身の呉一上《オイルサン》さん。沼田町にあった明治鉱業昭和鉱業所(昭和炭鉱、69年閉山)に動員され、44年5月16日に39歳で急性肺炎で亡くなったとみられている。動員された時期や肺炎になった原因は分かっていない。…

六段ぶち抜き、納骨堂の写真付き記事には、前回と異なり〝徴用〟ではなく〝動員〟としている。これは前年に、私が前掲記事について公開質問状で、日付から強制性を伴う「徴用」ではないと指摘したことを受けての変更と思われる。記事本文からは「強制」の文字は消えたが、市民団体名が二つの「強制」を冠せられたものであり、読者に誤解を与えることは明らかである。
さらに、「強制連行・強制労働犠牲者を考える北海道フォーラム」の共同代表蔡鴻哲氏が記載されていない。これも前年の公開質問状で、私が朝鮮総連道本部副委員長であることに触れたため、同フォーラムの活動に道民の間に疑念が生じることを避けようとしたものと思われる。

平成二十六年七月二十七日朝刊二四頁

沼田の炭鉱 朝鮮から動員
遺骨の父 娘が対面
韓国から来日「故郷帰ろう」

【沼田】太平洋戦争中、空知管内沼田町の炭鉱に朝鮮半島から労務動員され死亡し、同町での寺で70年間にわたり保管されていた男性の遺骨を引き取るため、男性の末娘の呉《オ》貞子《ジョンジャ》さん（75）ら遺族3人が26日、韓国から来日して寺を訪れ、遺骨を引き取った。死亡した呉《オ》一相《イルサン》さんは1942年（昭和17年）ごろに動員され、44年に病死したとみられている。…

骨箱のふたを開けて遺骨と対面する娘の写真付き六段の記事は、「労務動員されて死亡」などと、再三の指摘にもかかわらず、まだ「動員」にこだわっている。

ここで見逃せないのは、骨箱の写真である。骨箱の大きさは納骨堂で位牌と並ぶ写真や、骨箱にかけられた女性の手との比較から通常の大きさで特に大きなものではない。

現在のように強い火力で荼毘に付しても少し大柄の男性の場合、焼きあがった骨を棒で砕いても骨壺におさまらない場合がある。昔は今のように陶器の骨壺などは使わず、遺骨は白布に包んで骨箱に収めるのが一般的であった。猿払の遺骨にについて先にも触れたが、当時は荼毘に付す際には薪を用いており、特に成人男性の場合は大腿骨や上腕骨などの骨皮質が固い長管骨、そして大きな筋肉が付着する背骨などが焼け残り、砕くことも困難なために骨箱へ拾いきれず、火葬場に残して後にまとめて処分することが行われた。写真の呉一相氏の骨箱も上部分二割程度が空いていることから、同様の取り扱いがなされたものと考えられる。逆に呉氏の蓋の開いた骨箱写真から猿払の人骨に関する私の見解が確信できる。

平成二十六年十月七日朝刊二七頁

朝鮮離れパラオ移住
遺骨は何を語るか①

八段ぶち抜き、しかも三面記事の半分を使う熱の入れようであるが、果たして呉氏の〝強制連行〟〝動員〟を証明できる記事に仕立てることは可能だろうか。

記事ではこの遺骨の主である呉一相なる人物の足跡をたどり、動員の実態を見つめるという。

記事によると呉氏は39年に妻子5人を連れてパラオに移住したようで、「呉がパラオへ向かった39年は国家総動員法に基づき、朝鮮から日本内地の炭鉱などへの動員が始まった年と重なる」のだそうだ。重ねるのは勝手だが、呉氏が動員されたというのは明らかな間違いだ。外務省の記録を見るまでもなく、この法律に基づく朝鮮半島への徴用は昭和十九年（一九四四年）九月以降である。敢えて呉氏が国家総動員法で徴用されたような誤解を読者に与えようとしている意図が見え透いている。

記事を引用する。

取材を進めると、意外なことに南洋移民の文書「昭和14年南洋農業移民関係綴」（朝鮮総督府作成）に、呉と家族の動向を知る手がかりがあった。

韓国・国家記録院にある同文書によれば、39年、ミクロネシア地域を委任統治していた日本の南洋庁は、パラオの官有地で国策会社が経営するキャッサバ（でんぷんとなる作物）栽培の小作人として、朝鮮の農家50戸を移住させる計画を朝鮮総督府に提示。これに応じた総督府は、この年、厳しい干ばつに襲われていた朝鮮南部の農民に移住を促す方針を打ち出し、地元の行政機関にあっせんを依頼した。

その「移住者名簿」の中に、呉の名前があった。

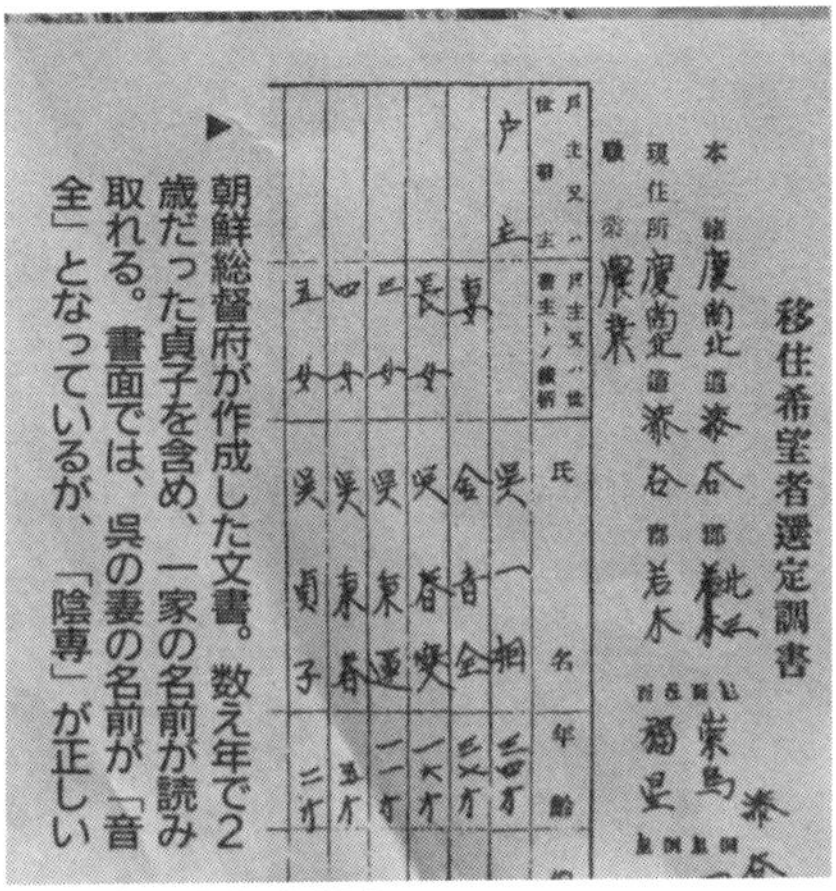

▶朝鮮総督府が作成した文書。数え年で2歳だった貞子を含め、一家の名前が読み取れる。書面では、呉の妻の名前が「音全」となっているが、「陰専」が正しい

移住希望者選定調書

記事の名簿から呉氏の本籍は慶尚北道であることがわかる。驚いたことに、同じ事項を朴慶植著『朝鮮人強制連行の記録』（未来社）で確認すると、「一九三九年の連行は石炭山、金属山、土建業などに許可され、九月中旬から一〇月下旬にかけて

事業主の代理人が南朝鮮の七道の地域（京幾道、忠清南北道、全羅南北道、慶尚南北道）に出張し、割当人員の狩りたてにつとめた＊」となっている。さらに同書に掲載されている「表4　朝鮮人徴用労働者強制連行状況」によると、呉氏は1940年に南洋へ「連行」された「814人」のうちの一人ということになる。

何度も指摘したが同書は朝鮮人強制連行という言葉をでっち上げた悪名高い本であり、その後この言葉は反日勢力やマスコミに踏襲され、中国人強制連行や吉田清治と朝日新聞の合作である「慰安婦狩り＊」「従軍慰安婦強制連行」という言葉すら生むに至っている。＊傍線は筆者

道新記事によると当時の呉氏一家は呉氏（三四歳）妻（三七歳）長女（一六歳）、三女（一一歳）、四女（五歳）、五女（二歳）の家族六人で、釜山から福岡県門司を経由してパラオへ移住したことになっている。

そして詳しい経緯は不明であるが、一家は「2年後の41年、一家は横浜市に移り住んでいたようだ。呉の除籍謄本によれば、同年10月には長男（繁太郎）が横浜で生まれている」と紹介されている。

報道センターの細川伸哉氏が担当だそうだが、国家総動員体制で「動員」された呉氏が足手まといになる妻子を連れてパラオへ行ったり、一家で引き揚げてきた横浜で長男が生まれたり、普通に考えれば、何か変だと思わないのだろうか。

朴慶植は『朝鮮人強制連行の記録』にこの事例を、「狩りたて」て「強制連行」したと書いてある。このウソを奇しくも長年〝強制連行〟を言いつのった北海道新聞が、自ら暴いてくれたことに対して感謝の念に堪えない。

平成二十六年十月九日朝刊二十七頁

炭鉱や鉱山へ「投入」
遺骨は何を語るか②

1939年（昭和14年）に朝鮮を離れた呉一相《オイルサン》と妻子の家族6人は、南洋パラオに足跡を残した後、41年に横浜にたどり着いていた。その3年後、呉はなぜ千《キ》ロも北の空知管内沼田町の明治鉱業昭和鉱業所（昭和炭鉱）で命をおとすことになるのか。

一連の記事で何度も「肺炎」で死亡したと紹介しているのにもかかわらず、思わせぶりな表現である。記事はさらに続く。今でこそ抗生物質の発達で「肺炎」の死亡率は低くなったが、抗生物質のない時代においては、肺炎は死に至る病であり、死因としては珍しいものではなかった。私の伯母も父が出征中に肺炎で死亡している。

…39年度から、国民の労働力を戦争遂行のために充当する計画が立てられ、実行に移される。朝鮮から内地への動員も、これをきっかけに始まり、終戦までに計70万人に上った。

何度も繰り返すが、外務省は昭和三十四年七月、在日朝鮮人の実態について調査した結果を発表している。それによると、昭和十四年末、日本内地に居住していた朝鮮人は百万人だったが、二十年の終戦直前には二百万人に増えている。増えた百万人のうち、七十万人は朝鮮半島から日本内地に職を求めて来た渡航者と出生による自然増加で、残り三十万人の大部分は鉱工業や土木工事などの募集に応じて自主的に契約した人たちで、強制性を伴う国民徴用令（朝鮮半島では十九年九月から実施）による戦時徴用者、彼らがいうところの強制連行はごく少数（三五〇一六名）だった。

この「70万人」という数は芦別市秀岳寺の石碑をはじめ方々で恣意的に誤解されて使用されている。

…動員は当初の「募集」から、42年に行政機関の関与を明確にした「官斡旋」、44年9月からは動員に応じなければ罰則がある「徴用」と形態を変えながら行われた。呉がいつ北海道に渡ったのかは不明だが、44年5月の死亡が事実なら「徴用」には当たらない。

平成二十五年八月十六日の記事の見出しにはデカデカと「戦時徴用か 沼田に遺骨」となっているではないか。当時からこの事実を知っていながら「徴用」と宣伝し、「か」を付すことによって抜け道を確保していた形跡がある。

日本近現代史が専門の東京大准教授の外村大《とのむらまさる》（48）＝函館市出身＝によれば、39年度に朝鮮南部がかつてない干ばつに襲われ、生活に困窮した農民の応募が殺到する事態もみられた。その後も、経済的理由で内地行きを前向きに受け入れる人々は一定数いたという。だが、外村は「早い時期から、本人の意思と関係のない、脅しなどによる半強制的な動員も行われた」と指摘、要因確保は「募集」段階から企業の担当者が警察官などの力を借りる形で行われたという。

呉一相氏の場合、一家六人でパラオに連へ行って二年後には横浜で子供が生まれている。強制的動員で家族五人を連れてゆくことも考えられないが、もっと考えにくいのは二年後に一家で引き揚げて横浜で六人目の子供までできていることと強制性をどうやって結びつけるかということだ。

また終戦時朝鮮半島における警察官の約半数は朝鮮人で多くが地方の現場に配属されていた。募集に協力したのは現場をよく知る朝鮮人警察官だったという一言も抜けている。

また募集に殺到する朝鮮人に対して、総督府は「朝鮮人労働者募集要綱」を出して制限を加えている。その中に「職場の変更はこれをなさざること」「言語は国語を使用すること」とある。パラオ渡航は官費であったとしても、一家六人がパラオから横浜まで船で移動するのは相当の出費だろうが、職場の変更まで認められ渡航費や横浜での生活費まで蓄えたとなると、呉一相氏にはこの間かなりよい給与が支払われていたことになる。

普通に考えれば、飢饉から逃れて一家でパラオへ移住し、金がたまったので横浜へ帰り、家族に生活費を持たせて半島へ帰し、さらに賃金のよい北海道沼田の炭鉱へ向かったということだろう。

この記事には「労務動員された朝鮮出身者が道内の炭鉱に到着したことを伝える当時の新聞記事＝1939年10月9日付北海タイムズ（北海道新聞の前身）」として当時の新聞写真が掲載されている。

記事を見てみよう。

半島労務者第一陣　職場の夕張各礦に入山

本道礦山労働力の不足を補ふため遥々朝鮮から應募して來た半島労働者三百二名の一團は○○炭礦汽船○員に引率され室蘭に上陸し追分経由七日午後六時三十八分夕張着で炭礦汽船夕張礦に入山した一行は最年少者十八歳から最年…築長屋を改造した協和寮寄宿舎に入り炭

礦の好意に依る新しい○の上で柔らかく暖かい新調の夜具に包まれ來道第一夜の夢を結んだ

……

内鮮融和を圖る　全道一協和會を結成

夕張町各炭礦に働く半島勞務者は七日來夕した三百二名を第一陣として續々來夕年内に二千餘名入山する豫定であるが取締監督の立場にある夕張警察署では内鮮融和を圖る目的で夕張協和會を創立すべく十日午後一時から同署樓上に於て結成協議會を開會直に結成準備に○乎遲くも本月末迄に発會式挙行の豫定である。

昭和會は炭礦に働く半島人のほか花町の仝半島人のほか内地側は町役場や警察署、炭礦汽船、三菱大夕張炭礦、市街地有志等が會員となり各職場別に分會を設け半島人をして内地の習俗に同化せしめ渾然一體の實をあげ以て一視同仁の優○なる○旨に○牽

＊○は判読不能、記事は総ルビであるが煩瑣を避けるために省略。

となっている。

古新聞の写真や文面を紹介するのもよいが、まずは平成三年（一九九一）十一月二十二日（金曜日）朝刊三十一頁、あの捏造本を書いた吉田清治氏の独自インタビュー記事、八段ぶち抜き記事は『まるで奴隷狩りだった』の大見出しとともに「朝鮮人慰安婦の強制連行」、「日本人責任者が痛恨の告白」、「殴って子引き離し」、「陸軍と警察　行政一体で」などとした記事

北海道新聞平成３年11月22日（金曜日）朝刊31頁

北海道新聞平成３年11月27日（水曜日）朝刊26頁

の写真を掲載して読者に詫びるのが先だろう。次に同二十七日（水曜日）朝刊二十六頁は『本紙で紹介の従軍慰安婦告白　韓国紙、異例の大々的報道』として韓国紙の写真を掲載して韓国での反響を誇らしげに伝えているが。北海道新聞の皆さんはよもやお忘れではないだろうが、万一ということもあるので、記事の写真を紹介しておこう。

閑話休題、記事からは「炭礦の好意に依る新しい〇の上で柔らかく暖かい新調の夜具に包まれ來道第一夜の夢を結んだ」とあるように、優遇されていたことが読み取れる。また慰安婦が今では〝性奴隷〟などというおどろおどろしい呼び方までされるようになってしまったが、「昭和會は炭礦に働く半島人のほか花町の全半島人のほか内地側は町役場や…」にみられるように、「花町の仝半島人」（朝鮮人慰安婦）も役場職員や警察署員らと一緒になって遠来のお客様たちを歓迎している様子が書かれているではないか。当時は慰安婦も、今のヨーロッパ先進諸国のように立派な職業として認知されているかどうかまでは読み取れないが、自由に集会などへも参加できたということであろう。

平成二十六年十月十日朝刊二七頁

採炭　死と隣り合わせ
遺骨は何を語るか③

…韓国の政府機関に残る昭和炭鉱のある給料明細によると、月80円～１４０円が支給されている。総支給額で内地日本人がもらう給与とほぼ同等だったという。「急性肺炎」で亡くなったとされる呉一相に何があったのか。死亡時の関係書類には、職業は「土工夫」と書かれている。

平成二十六年十月十一日（土）、私が病院の日直当番をしていると、腰椎圧迫骨折で入院中の澤口清美さん（大正四年生まれ99歳、実名の公表はご本人が承諾してくれた）が風邪気味で診てほしいと看護師から連絡を受けた。

澤口さんの病床に行くとテーブルに昨日（十日）の新聞のまさにその『遺骨は何を語るか③』が開かれている。私が記事に目を落とすと、「昨日の新聞だよ、娘がわざわざ、これを見ろと持ってきてくれたんでね」と笑顔で答えられた。

お年寄りの体調は何気ない会話をするとよくわかるので、たまたま開かれている新聞記事に話題を向けた。

私が、「澤口さんは終戦の頃、どこに居たんですか」と尋ねると、澤口さんは、「ここよ、炭鉱、砂川の炭鉱で掘削機の修理を担当していたんだ」新聞記事を指さしながら答えるので、私は驚いてさらに質問をした。

私　月給はいくらぐらいでした。

澤口氏　百四、五十円ぐらいだったかな、土工の仕事は採炭よりはましだけどきつかったよ。

私　朝鮮人もいましたか。

澤口氏　ああ、沢山いたけれど、あいつら狡くてさっぱり働かないんだ。

私　同じ給料で…。

澤口氏　同じ仕事は同じ給料だけど、一緒に物を運ぼうとして掛け声かけても、声だけで力入れないいんだ（笑い）。

私は以前、中山恭子さんの講演で聞いたウズベキスタン大統領の話をした。大統領が子供の頃、日本人抑留者が働いている現場へ彼を連れて行った母親が、監視していないとサボるドイツ捕虜と違って、監視があってもなくても同じように働く日本兵を見習えとさとしたという話である。

澤口氏　あいつらもおんなじ、目を離すとすぐ怠ける…（笑い）。

同室の四人の患者さんも大きな声で話す澤口さんの話に一緒になって大笑いだ。話しているうちに声の張り、目の輝きもしっかりしてきた。これで診察終了。

すべての朝鮮人が澤口さんの話のように狡くて怠け者というわけではないだろう。私は以前、芦別の炭鉱で働いていた患者から、仲の良い朝鮮人と一緒に遊郭へ遊びに行くこともあったという話を聞いたこともある。この老人は狡い人ではなく善良な方だったので仲良しの朝鮮人もきっといい人だったのだろう。くどい様だが坑内員の給与は文献だけではなく澤口氏の証言からもわかるように通常の十倍もあったのである。

先に触れた東川町へ「強制連行された」はずの朝鮮人の老人が、土地を買ったり家を建てたりしたというのは、歓迎集会参加者の聞き間違いというのではないことがよくわかってもらえると思う。

平成二十六年十月十一日朝刊三四頁

亡父が結ぶ日韓の縁
遺骨は何を語るか④

…貞子は父呉一相《オイルサン》の遺骨を韓国であらてめ火葬した。受け取った骨箱に大量の木炭が混じっていたためだ。それがショックだった。「父の亡がらは、いったいどんな扱いをされたのか」。不振がぬぐえなかった。

やはり私の猿払の遺骨に関する推測は正しかった。薪を用いて荼毘に付すために木炭や灰が混じるのだ。そして焼け残って骨箱に収まらない大きな骨は、日本人同様にまとめて穴に埋めていたのだ。これは何も遺体を粗末に扱ったのではなく、当時はというより戦後しばらくの間、薪を用いていた時代には普通のことだった。その証拠が以下の記載にみられる。

当時、炭鉱会社などは、死亡した朝鮮の人々の遺骨を軽んじたわけではない。各社は内規を定め、死因が業務に起因するかどうかを問わず、葬儀を行った上で朝鮮の家族に連絡した。遺骨は、遺族に引き取りを願うか、社員が持参して返還し、弔慰金なども支払われた。

朝鮮からの動員に詳しい白戸仁康《ひとやす》（78）＝美唄市＝によれば、こうした扱いは終戦ぎりぎりまで徹底された。…

遺骨を保管していた永徳寺の住職の妻長沢匡子《きょうこ》（67）によると、呉の遺骨箱に書かれた文字は5年前に96歳で亡くなった義母のものだ。昭和炭鉱近くにあった以前の寺から今の場所に移った際、呉の遺骨は馬そりに乗せられてていねいに運ばれてきたという。

以上、呉一相氏に関する昨年八月以来の北海道新聞記事を紹介した。

報道センターの細川伸哉氏には感謝の念に堪えない。この記事は道新自身の過去における〝強制連行〟記事を否定するばかりではなく、強制連行の生みの親である朴慶植の『朝鮮人強制連行の記録』の捏造をものの見事に暴いてくれたのである。

すでに紹介したように朴慶植は執筆当時朝鮮大学校の教員であった。つまりほとんど北の工作員といっても過言ではなかったのである。鉱工業が発達していた半島北部から内地への出稼ぎは少なかったのに対し、内地への出稼ぎはほとんどが半島南部からのものだった。その半島南部、つまり今の韓国からの出稼ぎを「強制連行」と宣伝することによって朴は、というより北朝鮮は韓国と日本の離反を狙ったのではあるまいか。そしてこれがやがて慰安婦強制連行という言葉まで生み、韓国と日本の離反にみごとに成功したのである。

呉一相氏の遺骨が語った真実こそは、現在の日韓関係解決の鍵なのである。

おわりに

自然科学では〝ある〟という証明もしくは発見はそれが科学的真実であれば可能です。しかし〝ある〟として提出された問題について、それが〝ない〟ということの直接的証明が不可能であることはＳＴＡＰ細胞問題の報道を通じて世間にもよく知られています。

歴史上のある問題についても〝なかった〟という否定論を立てることは、いくつかの証拠を発見して〝あった〟とする肯定論より、多くの困難を伴うものです。そこで否定論を立てる側の役割はそれが〝あった〟とする肯定論者たちが挙げた証拠について、肯定論が主張する証拠が証拠たりえないことを一つ一つ反証するという消極的で地味な作業になります。

この営みは中韓やこれに追随する日本国内の反日勢力がいう〝歴史修正主義〟とは全く異なる〝主義〟とはおよそかけ離れた史実の積み上げによる真実の発見です。

本書では〝中国人強制連行〟や〝朝鮮人強制連行〟を中心としてこれらを肯定する立場の人々があげる証拠の不確実性さらには虚偽性を明らかにして、東川町の中国人強制連行や道内における朝鮮人強制連行、これらを扱う北海道新聞やニューヨークタイムズの記事、さらには朴慶植著『朝鮮人強制連行の記録』（未来社）の、虚偽性、すくなくとも多くの不確実性の論証に成功しているものと自負しています。

〝若くして共産主義者にならない者にはheartがない、歳をとっても共産主義者を卒業しない者には head がない。〟

マルクス・レーニン主義にかぶれて、全青春を棒に振ったことをどうしても認めたくない連中、つまりバカなことをバカだと思わないイデオロギーかぶれの連中が、いまさら面と向かって社会主義だの共産主義だのと叫ぶわけにはいかなくなって、様々な形でその精神風土の原風景への郷愁から反日へ反日へと回帰するのでしょう。愚かな人間は一つの思想を理解するのにエネルギーを使い果たし、最後はその思想すら忘れて情緒的反応しかできなくなってしまうのです。

彼らの思想の根幹たる「社会進化の次段階は現段階の必然的の結果」として資本主義の次段階に「必然的に」社会主義・共産主義がやってくるという理論の破綻が、前世紀末ソ連東欧の崩壊で明らかになりました。しかし彼らは「必然の結果」であるはずの体制、つまり必然であるためなんらエネルギーを必要としないはずのその体制維持に、何故か人民を弾圧し、他民族を武力で圧迫支配し、そして党幹部を粛清することに膨大なエネルギーを注ぐ中共や北朝鮮と共謀して、資本主義・自由主義と福祉国家の調和という意味では世界に類をみない、ということは彼らの思想理論とは真逆の日本社会を見るにつけて、そしてその恩恵にドップリ浸かってその思想理論と相いれない社会から恩恵を受ければ受けるほど、自分たちの人生が否定されたかのように感じて、嫉妬心や憎しみをつのらせるのでしょう。

彼らは残りの人生の十数年、その存在そのものが自己否定の象徴である日本国や幸福に暮らす日本国民に対して、中共や北朝鮮、そして別の意味で嫉妬深い韓国その他の力を借りて、必死になって彼らにとって憎々しい日本国を貶めようと画策することでしょう。

バカはバカのままで死ぬことでしょう。しかしバカが死ぬまでの十数年間、しっかりと史実に基づいた資料をあげて、そのバカさ加減の検証をして、彼らの墓碑銘にしっかりと刻みつけることが大切です。

平成二十六年十一月

的場光昭（まとば　みつあき）

昭和29（1954）年、北海道上川郡愛別町生まれ。北海道大学経済学部中退。旭川医科大学卒。日本麻酔学界専門医・日本ペインクリニック学界専門医。医療法人健光会旭川ペインクリニック病院理事長。長年にわたり地元誌『北海道経済』巻末コラム執筆、西部邁事務所発刊の『北の発言』の協力執筆者、全国誌では『発言者』、『正論』などに投稿原稿が掲載されるなど、日常診療のかたわら執筆活動を続けている。著書に『「アイヌ先住民族」その真実』『自殺するのがアホらしくなる本』『改訂増補版　アイヌ先住民族、その不都合な真実20』『アイヌ民族って本当にいるの？』（いずれも展転社）がある。

反日石碑テロとの闘い
「中国人・朝鮮人強制連行」のウソを暴く

平成二十七年四月一日　第一刷発行
令和二年一月二十日　第二刷発行

著　者　的場　光昭
発行人　荒岩　宏奨
発　行　展　転　社

〒101-0051　東京都千代田区神田神保町2-46-402
TEL　〇三（五三一四）九四七〇
FAX　〇三（五三一四）九四八〇
振替〇〇一四〇―六―七九九九二

印刷製本　中央精版印刷

定価［本体＋税］はカバーに表示してあります。

ISBN978-4-88656-413-9

てんでんBOOKS

[表示価格は本体価格（税抜）です]

【改訂増補版】アイヌ先住民族、その不都合な真実20　的場光昭
●アイヌ先住民族運動の驚くべき実態。北方領土返還はおろか、このままでは〝自治共和国〟ができる！　1800円

一次史料が明かす南京事件の真実　池田悠
●安全区・国際委員会を設立したのはアメリカ宣教師団であり、その目的は中国軍の支援保護であった。　1200円

平成の大みうたを仰ぐ 三　国民文化研究会
●御即位三十年記念出版！　平成二十一年から三十一年までの年頭に発表された御製と御歌を謹解。　2200円

台湾の民主化と政権交代　浅野和生
●この一冊で台湾の戦後史を理解できる。台湾民主化の道程を振り返るとともに政権交代をめぐる台湾の政治変動を追う。　1700円

天皇の祈りと道　中村正和
●日本人が忘れかけている「人のために生きる」という精神。その原点は、天皇の祈りとわが国の神の道にある。　2000円

天皇が統帥する自衛隊　堀茂
●憲法改正だけでは自衛隊は戦えない。天皇陛下と自衛隊、この難問に敢然と挑戦したのが本書である。　1700円

増補版 これでも公共放送かＮＨＫ！　小山和伸
●最高裁判決はＮＨＫ側全面勝訴ではない！放送法を楯にとって受信契約、受信料徴収を強いるＮＨＫなどもういらない！　1600円

権藤成卿の君民共治論　権藤成卿研究会
●権藤成卿が唱えた君民一体の政治。思想的源流となった権藤成卿が、令和の時代に語りかけるものとは？　1800円